现代性背景下的
交往异化问题研究

赵　慧 / 著

Research on the Communication Alienation
in the Context of Modernity

社会科学文献出版社
SOCIAL SCIENCES ACADEMIC PRESS (CHINA)

前　言

　　马克思在《1844 年经济学哲学手稿》中阐述了异化劳动的四重规定，即人同自己的劳动产品相异化、人同自己的劳动相异化、人同自己的类本质相异化以及人同人相异化，异化劳动的落脚点已经触及了交往异化问题。在以资本主义生产方式为核心的社会，马克思所揭示的异化现象以人对物的依赖性为表现形式，其实质却是人与人交往的异化更加普遍，这成为当代资本主义社会的本质弊端。现代性危机体现在诸多方面，但在人与人之间的关系上，最深层的异化就是交往的异化。所以，现代西方马克思主义者坚信，马克思提出的异化理论非但没有过时，反而比以往任何时候都更有意义。也正因为如此，分析和研究交往异化问题，对于发展马克思主义理论具有重要的现实意义。

　　交往是主体与主体相统一、手段与目的相统一、规范与自由相统一的活动。交往异化在形式上相应地表现为交往主体的异化、交往手段的异化和交往规范的异化。交往的异化状态不仅对作为个体的人造成了危害，而且导致了深刻的群体层面的危机和类的层面的危机。

　　出现交往异化问题的原因有很多，但根源在于资本逻辑对交往逻辑的遮蔽。在现代性条件下，交往逻辑始终与资本逻辑结合在一起，交往被资本推动走向深化和扩大化的同时，也在不断被资本利用和塑造。资本发展过程与交往过程相互交织、相互融合，"此时的资本"是普遍交往中的资本，"此时的交往"又是在资本逻辑范围内的交往。交往本来是人的实践本质和创造性的活动，是体现人与人之间自由的、平等的交互作用的活动，而在资本逻辑的全面支配下，交往需求、交往方式、交往行为无不服从于资本增殖的逻辑，深深地被资本逻辑所遮蔽，自由交往成为遥不可及的梦想。现代西方马克思主义者针对资本主义社会发展过程中遇到的人类困境，对交往异化问题进行了深刻的反思和批判，揭示了现代社会人的异化状态，并在马克思异化理论基础上，从不同角度给出了扬弃交往异化的思路与对策，为克服与扬弃交往异化提供了丰富的思想资源。

必须承认的是，交往异化是资本逻辑运行下的产物，交往的异化阶段是我们无法逃避的阶段。只有看清资本的本质和运行规则，学会利用和限制资本，自觉驾驭资本逻辑，自觉地建构合理的交往关系，才能使异化的交往变成自由自觉的活动。要加强对交往合理化路径的探索，在交往主体、交往媒介、交往规范的框架内进行合理的引导，着力形成平等、自由、自觉的交往实践。

本书坚持马克思"认识世界和改变世界"的实践唯物主义导向，立足于马克思主义研究的基本立场——"人的本质规定"和马克思主义研究的旨归——"每个人的自由而全面发展"，全面分析了交往异化问题凸显的时代背景，审视了现代性背景下人的交往状况：普遍交往却又普遍孤立，交往不断扩大却又在不断缩小，虽获得交往自由却又无刻不在枷锁之中。本书立足于马克思的交往理论和异化理论，借鉴西方马克思主义学者相关现代性批判理论，提出交往异化的形式、原因、克服交往异化的路径。本书主体分为五章，具体如下。

第一章分析了交往异化的理论基础。对交往、异化和交往异化作了基本概念层面的描述和解释，重点分析了构成交往的三对范畴，即主体与主体、手段与目的、规范与自由，范畴的规定既是为了更好地揭示交往的内涵，又可为交往异化的研究奠定重要基础。从思想资源的系统性、整体性来看，交往异化一直是马克思哲学理论体系中不可或缺的一条主线，既受到交往理论和异化理论的影响，反过来又成为这两个理论十分重要的部分。关于主体与主体意义上的交往异化问题的认识，不仅丰富了马克思的异化理论，而且还将这一理论引向具体化和深入。

第二章介绍了交往异化的表现形式。以现实为依据考察了交往异化的若干种形式，在交往范畴的分析框架下，从交往主体、交往手段、交往规范三个角度揭示了现代社会中交往异化的主要表现形式，具体包括交往主体的手段化、片面化、抽象化、冷漠化，交往媒介维度的"媒介依赖""金钱至上""权力本位"，交往规范的官僚化、依附性、庸俗化等。

第三章探讨了交往异化的负面效应。交往异化不仅对作为个体的人造成了危害，而且导致了深刻的群体层面的危机和类的层面的危机。交往异化使人的活动和能力片面发展，丧失自我感和身份感，造成人格的扭曲、功利主义和个人主义思潮盛行、道德滑坡等人性问题；交往异化造成共同体的亲密性、稳定性、安全性降低，导致社会信任危机，影响社会的全面发展与进步，易产生消费主义、物欲主义、虚无主义倾向；同时，交往异化在国际社会的蔓延还会深刻影响世界历史的进程、人类文明的传承和人类命运共同体的构建；等等。

第四章探讨了交往走向异化的深层原因。研究认为资本逻辑对交往逻辑的遮蔽是导致交往异化的深层根源。资本发展过程与交往过程相互交织、相互融合，"此时的资本"是普遍交往中的资本，"此时的交往"又是在资本逻辑范围内的交往。交往在资本逻辑的主导下，一方面体现出交往的一般规律和一般特征，另一方面呈现出不同于原始社会、传统社会的特殊性，显示出资本主义生产条件下交往方式和交往活动的特殊规定。本章还分析了资本逻辑的起点，即商品、货币与人的社会联系，分析了资本逻辑对交往需要、交往方式和交往行为的遮蔽。

第五章考察了交往异化的扬弃路径。现代西方马克思主义者针对资本主义社会发展过程中遇到的人类困境，对交往异化问题进行了深刻的反思和批判，深刻揭示了现代社会人的异化状态，并在马克思异化理论基础上，从不同角度给出了扬弃交往异化的思路与对策，为克服交往异化提供了丰富的思想资源。一是从主体维度上，通过对性格结构异化的批判推动生存方式的重构；二是从媒介维度上，通过对技术理性的批判推动新理性的生成；三是从规范维度上，提出了交往合理化与历史唯物主义的重建。同时，尝试探索社会交往合理化的路径。具体而言，一是增强交往主体的主体意识；二是推动交往媒介的合理使用；三是构建规范交往的良好机制。

本书在以下几个方面进行了研究尝试。

其一，尝试对交往异化问题进行总体性研究。迄今为止，关于交往异化的研究还比较零散，大多是从某一个侧面或某些具体现象的角度对这一问题进行阐述，或者是在一般阐发异化问题时把交往作为一部分内容加以论述。本书则是关于交往异化问题的综合性和总体性的研究：以现代性为背景，在理论与现实相互交织的层面上对交往异化的概念、表现形式、负面效应、交往异化产生的原因、如何克服交往异化等问题进行相对全面的阐述。

其二，尝试在现代性语境下研究交往异化问题。传统社会也存在交往异化问题，但这并不是主要问题，交往的主要问题是交往的自在化。只有进入现代社会，在现代性背景之下交往异化才逐渐成为交往的主要问题，同时，基于人的异化的凸显和深化，克服异化的过程中我们不得不回到现代性的命题上。无论是在哲学领域，还是在政治学、法学、社会学、经济学等诸多学科中，现代性无疑是个高频词。我们研究的理论问题和实践问题或多或少与现代性问题产生联系。本书即是针对现代性背景下出现的交往异化问题展开相关研究。

其三，尝试对交往异化的负面效应作更深层次的思考。此前，国内学者关于交往异化基本形式的分析已经达到了较高的水平，但对交往异化所引起的深层次负面效应，对个人、群体、类的危机尚没有展开更深刻的阐发。研究发现，随着交往异化现象的蔓延，异化不仅成为人与人之间、人与社会之间对立冲突的力量，还造成了类的层面的冲突与危机。所以，有关交往异化问题的研究不仅仅是对人与人关系的研究，还是一个严肃的关于人的问题的研究，更是一个关乎人类自身发展命运的重大时代课题。

目　录

导论　为什么要关注现代性背景下的
交往异化问题

一　问题缘起

问题是时代的声音。当今社会发生着比以往任何时候都更深刻更迅猛的变革。以市场经济、民主政治等为标志的现代性推动了历史进步与社会发展，极大地改变了人们的现实生活世界。然而，现代性表现为现代生活中时刻充满着矛盾的生长过程，马歇尔·伯曼说，"现代生活是一种充满悖论和矛盾的生活"①。在既复杂又矛盾的现代性中，人与人之间的交往不可避免地彰显出独特的矛盾与张力：一方面，现代文明推动人类走向迄今为止最深刻、最全面的普遍交往，这种普遍交往为全世界各个国家、民族、地区的融合性发展提供了基础，极大地推动了人类文明的发展进程；另一方面，现代性文明是建立在资本逐利本性的基础上，客观上造成了严重的现代性危机，其中之一就表现为交往的异化，即交往中作为主体的"人"从属于作为客体的"物"，并受"物"的支配、奴役和控制。在现代性文明的进程中，"普遍交往"的背后是"普遍孤立"，交往在空间上的"日益扩大"与交往目的的"日益缩小"相对应，浮于表面的"自由交往"实质上却成为"交往枷

---

① 〔美〕马歇尔·伯曼：《一切坚固的东西都烟消云散了——现代性体验》，徐大建译，商务印书馆，2003，第13页。

锁"。由交往异化而带来的诸多问题已经成为阻滞人类文明进程步伐的重要因素。因此，在现代性背景下，研究交往异化问题就显得十分必要。

（一）"普遍交往"与"普遍孤立"

> 所有普遍的人类利益彻底崩溃，对真理和人类普遍失望，因此，人们普遍孤立，具有各自"粗陋的个体性"，一切生活关系混乱不堪、杂乱无序，一切人反对一切人的战争，普遍的精神沦丧，缺乏"灵魂"即缺乏真正的人的意识……
>
> ——《马克思恩格斯全集》第 3 卷，
>
> 人民出版社，2002，第 510~511 页。

随着地理大发现和全球贸易的开展，人类步入现代资本主义社会。现代资本主义社会是以西方一些国家的工业化和资本主义制度的确立为历史标志的。从交往手段来看，交通、通信和网络技术的迅猛发展，对推动人的交往从封闭、狭隘走向开放起到关键性作用，为人类的交往活动提供了极大的便利；从交往范围来看，交往活动突破了原来血缘、地域、民族的限制，朝着更为广阔的方向发展，任何一地的生产、消费、交换都不再是地域性或民族性的事务。换句话说，地域和民族突破了原有的片面性和局限性，从过去那种自给自足或是闭关自守的状态中解脱出来，日益被各民族、各地区人们之间的相互往来与相互依存所替代，与此相联系的世界交往建立起来。这就使得人类从地域性的存在逐步成为世界性的存在，交往的空间和范围得到前所未有的扩展，世界各地的人们都被卷入普遍交往之中。世界被联结成一个统一的整体，人类在历史上第一次实现了普遍交往，建立起广泛的社会联系。

然而，普遍的交往之下也同样存在着普遍的孤立。马克思恩格斯指出："尽管竞争把各个人汇集在一起，它却使各个人，不仅使资产者，而且更使无产者彼此孤立起来。"① 在马克思看来，交换本身就是一种孤立的手段，它

---

① 《马克思恩格斯文集》第 1 卷，人民出版社，2009，第 568 页。

消解了群体存在的必要性，使人成为一个个孤立的个人，"人只是在历史过程中才孤立化的。人最初表现为类存在物，部落体，群居动物——虽然决不是政治意义上的政治动物。交换本身就是造成这种孤立化的一种主要手段。它使群的存在成为不必要，并使之解体。然而，一旦事情变成这样，即人作为孤立的个人只和自己发生关系……"① 商品经济关系中凸显的竞争原则可以将人与人聚在一起，也可以将人与人隔离开来。现代交往的生成与发展离不开其所处的社会历史条件。人与人之间的物理距离拉近了，心理距离却拉远了。现代社会的日常生活中，我们发现：人与人之间原有的温情关系被理性化的计算所替代，金钱至上、唯利是图、人际关系冷漠等现象随之出现；人们在任何时刻任何地点都离不开电子设备，无论是乘坐地铁、公交，还是在工作开会、朋友聚会、恋人约会的场合，"人坐在一起，心却在各地"；人们的交往深度和交往范围得到了前所未有的突破，但与此同时，人与人之间的关系却因无法面对面交流而变得疏离起来，成为费尔巴哈所谓的"单个人所固有的抽象物"②。正如乌尔里希·贝克所预言的那样，"我们将要变成一群孤独的遁世者"③。

（二）"日益扩大"与"日益缩小"

> 现代化是一个创造与毁灭并举的过程，它以人的错位和痛苦的高昂代价换来新的机会和新的前景。在亲密无间的环境中维系人际关系的纽带被松开了。
>
> ——〔美〕C.E. 布莱克：《现代化的动力》，段小光译，
>
> 四川人民出版社，1988，第38页。

科学技术使人类的活动空间得到了空前的扩大，使社会生产效率有了很

---

① 《马克思恩格斯文集》第8卷，人民出版社，2009，第147页。
② 《马克思恩格斯选集》第1卷，人民出版社，1995，第56页。
③ 转引自〔英〕保罗·霍普《个人主义时代之共同体重建》，沈毅译，浙江大学出版社，2010，第68页。

大的提高，主体拥有了更多的自由时间和自由空间，人的主体性极大地提高了，人的全面发展所需的物质基础日益具备。在知识信息爆炸的时代，我们在地球的任何一个角落，可以很容易地知道另一个角落发生的事情。信息技术的发展，拉近了你我的距离，使世界融为一个"地球村"，拓展了人类的生存空间和发展空间。任何人都可以通过网络收集到想要的各种文字、图片、视频、音频信息，获得各种各样的信息资源。人们即使在遥远的地方也可以"亲临"事件现场，按照吉登斯的说法，现代性使人的社会活动从原始的地域联系中脱离出来。前现代社会，社会活动的时间与地域紧密相关；现代社会，社会活动的时间从特定的地域中分离出来，不受地域、场所的限制，这得益于现代化的技术手段，也得益于全球计时的标准化。正如吉登斯在《现代性的后果》中描述的那样："在现代性条件下，地点逐渐变得捉摸不定：场所完全被远离它们的社会影响所穿透并据其建构而成。建构场所的不单是在场发生的东西，场所的'可见形式'掩藏着那些远距关系，而正是这些关系决定着场所的性质。"① 全球化是一个不可逆转的浪潮，我们每一个人，有意识或无意识地都被卷入了这一浪潮之中。

然而事实是，我们的交往范围在日益扩大，我们所能维系或愿意维系的密切关系却在日益收缩。随着科学技术的发展，尤其是人类全面进入机器大工业时代，人从属于机器的命运已经"注定"，人变成机器的辅助、附庸。为了追求更多的财富，人们的生活里只有生产，交往的唯一目的就是不断生产性能好、利润高的产品。这一事实并没有因为人类进入信息时代而改变，相反，信息时代之下人们对技术进步的渴求越来越强烈。科学技术的进步使得社会生产力实现了巨大的飞跃，这是人类最初所期许的，然而科学技术的进步使原本属于人的脑力、智力的产物最后却不属于人，不受人控制，反过来成为控制、奴役、支配人本身的异己力量。质言之，技术在给人类的日常存在带来彻底的、根本性改变的同时，也迫使人类社会呈现出一种新的境况，人类的生活方式展现为一种新的模式。这种境况和模式使人类的全部存

---

① 〔英〕安东尼·吉登斯：《现代性的后果》，田禾译，译林出版社，2000，第16页。

在质变为技术完美机器的一个部分，在这个过程中，"人类已经并正在丧失其一切根基，人类成了地球上无家可归的人，他正在丧失传统的连续性。精神已被贬低到只是为实用功能而认识事实和进行训练"①。

（三）"自由交往"与"交往枷锁"

> "摆脱束缚，获得自由"与"自由地发展"两种自由之间的鸿沟越来越大，人挣脱了束缚自由的纽带，但又没有积极实现自由和个性的可能性，这种失衡在欧洲的结果便是，人们疯狂地逃避自由，建立新的纽带关系，或至少对自由漠然视之。
>
> ——〔美〕艾里希·弗洛姆：《逃避自由》，刘林海译，
>
> 上海译文出版社，2015，第24页。

在现代社会，社会化分工进一步细化，不仅产生了直接从事产品交换的商人阶级，还消除了传统社会中自给自足的自然经济模式，社会化的大生产和普遍的商品交换蓬勃发展起来。商品经济的发展，最大限度地推动了交往的社会化和现代化。由于物的依赖形态是在以商品、货币为表现形式的资本的操控下运转的，所以在商品和货币面前人们实现了所谓的平等和自由，人们可以通过劳动换取自身想要的东西，摆脱了传统的人的依赖关系。传统的等级、身份关系被取缔，自由、公平、法治、竞争的市场经济原则成为现代经济的基本原则，个人可以自由选择机会，可以通过法律捍卫权利，获得了人格的独立。商品经济的这种特点也促进了现代自由民主观念的发展，彻底颠覆了传统社会人们的生存方式和价值理念，以理性化、个体化、世俗化为特征的现代性精神得到弘扬和确立。20世纪50年代以来，计算机和网络的应用和发展，更是彻底改变了人们的生产方式和生活方式，人类进入到数字化生存的信息时代。现在，我们越来越清醒地认识到，网络革命不单纯是一

---

① 〔德〕卡尔·雅斯贝尔斯：《历史的起源与目标》，魏楚雄、俞新天译，华夏出版社，1989，第114页。

场技术革新，更是人类发展史上具有广泛意义的社会变革。每一个人都可以平等地接入网络，成为一个节点，访问他人并被他人访问，网络是一个平等、开放、共享的平台，人们在网络平台中彰显个性、抒发情感。按照马克思的设想，自由交往是人的个性解放和全面发展的必要条件，而现代科学技术的快速发展无疑为人类的自由交往提供了更多可能性。可以说，现代社会中，不存在有边界的"世界"，人们的交往活动越来越不受时间、地点的限制，也不受思维方式、风俗习惯、宗教信仰的约束，人们可以自由自在地进行交往。

市场经济的蓬勃发展打破了传统自然经济的封闭状态，人从天然的土地依附关系和人身依附关系中解放出来，但这一解放却走向了新的束缚，那就是物的统治的枷锁。一方面，人与始发的纽带脱离关系。虽然始发纽带不利于塑造自由、有创造力的个人，但是，人与自然共同体、部落共同体、宗教共同体等传统共同体融为一体，从中获得他所习惯的安全感、温暖感。泰勒用"存在之链"描述传统社会秩序，他认为，在前现代社会，我们周围所有的事物在这个存在之链中都能找到对应的位置，从而会遵守一定的秩序，他还用了三个常用的表述描述这种现状，"放任社会"的苦果、"我这一代"的作为、"孤赏自恋"的风行，他深刻感受到人们陷入了变态的和可悲的自我专注。① 人们摆脱传统共同体的束缚，获得了自由，但又时常产生无能为力感、微不足道感，人们发现渺小的个人根本无力自由地实现个性。另一方面，不断细化的分工和管理，则把人置于越来越死板的规则制度之中。随着现代社会的不断成熟，规则大厦日益规范，各行各业都建立起密切关联的制度体系，不幸的是，人却被视为数字、物体或抽象物来看待，人际关系仅靠一纸契约来维系，人情关系逐渐淡薄。总之，人们奋力追求所谓"自由交往"，实质上却陷入交往的枷锁，失去了与他人的真实联系，日益孤独、无助、疑虑。

总之，交往并不是一个时髦话题，因为自人类社会产生以来，交往活动就

---

① 〔加〕查尔斯·泰勒：《现代性之隐忧》，程炼译，中央编译出版社，2001，第5页。

与人类息息相关，是人和人类社会不可或缺的生活内容。但是，它又是一个"常提常新"的话题，这是因为，技术手段日新月异，交往范围不断扩大，这就无时无刻不在为人的交往注入新鲜的内容和多样的形式。启蒙所承诺的华美誓言并未兑现，主体性的高扬也带来了主体性的异化，人的关系被物的关系所取代。主体之间缺乏理性和信任，人与人之间的主体间关系降格为主客体关系，人陷入严重的异化和生存困境中。在这种交往状态下，人的发展表现为"以物的依赖性为基础的人的独立性"。由于现代交往深处于现代性的矛盾与张力之中，所以现代性背景下人的交往异化问题愈加凸显和深化。

交往是社会关系的具体化与现实化的形式，是人类的基本存在方式。对"人"的"凝视"，使人面临着既无法逃避又相互关联的严重后果，即人的物化、人的客体化和人的功能化命运。马克思说："任何解放都是使人的世界和人的关系回归于人自身。"① 对现实生活的关注，对人类生存困境的探讨不仅是哲学历来的传统，更是站在全人类角度的哲学学科彰显人文关怀的使命。实际上，在马克思的哲学体系中，交往与异化是两个核心概念，交往问题与异化问题也是具有关键性意义的两个问题。异化问题涉及个体与个体的关系、个体与社会的关系、个体与社会中的产品的关系，因而是马克思交往理论的一个关键问题；交往问题涉及人的本质、社会交往状况、社会发展形态，因而是马克思异化理论的一个关键问题。从马克思思想的演进历程来看，他对人的交往异化状况是极为关注的。在《1844 年经济学哲学手稿》中，马克思站在人本主义立场对异化劳动进行了尖锐的批判，我们发现在异化劳动的四种形式中，马克思本人有一个较为明显的思维转换，即从对劳动的思考走向对资本的关注，从对物的思考走向对人的关注，其落脚点是人与人的异化。在《关于费尔巴哈的提纲》的第六条，马克思强调人的本质在其现实性上"是一切社会关系的总和"②。这意味着马克思走出了人的类本质的思想束缚，开始关注人的社会关系总和，这也为后来他所进行的唯物史观的

---

① 《马克思恩格斯全集》第 3 卷，人民出版社，2002，第 189 页。
② 《马克思恩格斯选集》第 1 卷，人民出版社，1995，第 60 页。

交往理论研究奠定了重要基础。在《资本论》中，马克思不仅揭示了"物的依赖性"的特征和商品拜物教的本质，还批判了资本的吃人本质和资本逻辑主导下人的悲惨命运的现代性危机。

马克思主义哲学的目标不仅在于解释世界，还在于改变世界。对人与人之间交往状况的反思和批判把我们带到了这样一个命题面前，那就是如何更好地改善生活世界和构建人与人之间和谐的交往关系。在马克思恩格斯那里，共产主义社会的建立是以生产力的解放和发展以及与此相关的交往的普遍发展为前提的。实现人的自由全面发展不仅是人的历史进程的最终归宿，也是共产主义社会的最高价值追求。为了实现这一目标，除了生产力的极大发展，仔细审视人的交往异化状况，探索合理的交往模式，促进人的自由全面发展当是题中之义。在这个过程中，我们要沉思并追问：在现代性背景下人们交往的真实境况是什么？如何实现人与人之间自由的、平等的、真诚的交往？

二 研究意义

（一）理论意义

研究交往异化问题具有十分深远的意义。它不仅可以深化唯物史观的相关研究，深入挖掘交往理论在马克思主义唯物史观中的理论意蕴，而且可以从马克思和现代西方学者那里汲取关于现代性批判的营养与智慧。

第一，有利于深化唯物史观相关研究。交往不仅仅是历史唯物主义理论体系的一个重要范畴，也是蕴藏在各类社会实践中的显著特征。同时，马克思交往理论、异化理论都是与唯物史观相伴随而产生的。因此，研究交往异化问题对于更好地理解唯物史观、深化唯物史观相关研究有一定的理论意义。

第二，有助于加深对马克思关于现代性批判理论的理解与认识。马克思是最早对现代社会进行反思并对资本主义进行批判的思想家。他从经济运动的生产方式入手，通过对商品、货币、资本这些资本主义社会的典型特征进行分析，深刻地揭示了现代性的本质。以往对马克思主义理论的研究与现代性结合得并不是很密切，时常与劳动和生产关系等焦点问题相结合，对于马克思关于现代资本主义社会兴起所带来的人与人之间关系的变化的论述，学界往往未给予过多关注。因此，本研究有助于在已有研究基础上加深对马克思关于现代性批判的理解与认识。

第三，有益于掌握现代西方学者批判资本主义的见解。在西方，现代性是原生性的，针对现代社会出现的种种弊病，西方学者较早地对现代性问题进行了反思与批判，如布莱克关于现代化的研究、西美尔的货币哲学研究、韦伯的经济理性化和科层制理论、弗洛姆人的性格结构的研究、马尔库塞技术理性批判，等等。特别是后来的哈贝马斯，在批判吸收前人理论成果的同时，借鉴马克思的思想，对以生活世界为背景的交往行为进行了全方位研究，创建了自己的交往行为理论。这些已有的成果对于我们深刻理解现代性的基本特征、反思现代性的后果提供了很好的参考文本。

（二）实践意义

研究交往异化问题具有重要的现实意义，不仅有利于遏制市场经济条件下人际关系的功利化倾向，解答社会主义实践中所面临的各种问题，而且对于构建人类命运共同体、促进人的解放和自由全面发展具有重要价值，有助于我们更加坚定道路自信、理论自信、制度自信、文化自信。

首先，为遏制市场经济条件下功利化倾向提供参考。我国建立社会主义市场经济体制后，社会生活发生深刻的变化。在市场经济的竞争机制下，人们追求利益的欲望被激发出来。人际关系演变成赤裸裸的利益关系，金钱至上、利益至上、利润至上的价值观念日益盛行，这对于实现中华民族伟大复兴的中国梦是相当不利的。对交往异化问题的研究可以深层次地揭示人与人关系的异化、物化本质，为遏制这一倾向的蔓延提供参考。

其次，为构建人类命运共同体提供指导。不管是和谐社会还是和谐世界，都离不开人与人之间的平等、友好交往。马克思的交往理论从一开始就以宏大的视野和历史的眼光观照到整个世界的交往实践。交往异化问题的深入研究，不仅可以更好地解释当前我国社会交往领域面临的问题，为构建和谐社会提供理论上的指导，也能为国家间的和谐交往、构建人类命运共同体提供些许借鉴。

最后，为实现人的解放和自由而全面发展提供支撑。马克思哲学理论体系的内核是对人的凝视、对人的解放和人的自由而全面发展问题的关注。实现人的自由和解放是共产主义理想的永恒追求。共产主义社会将是这样一个联合体，"在那里，每个人的自由发展是一切人的自由发展的条件"①。人与人之间平等、友好、真诚的交往，满足了人的基本情感需求，使人的本质力量得到释放，使人成为真正的人，而不是物。所以，对人的交往异化问题进行研究可以为人的解放和自由而全面发展提供理论支撑。

三　研究现状

无论是国际学术领域还是国内理论研究中，"交往"问题都是一个十分重要的理论问题和实践问题。交往异化是在现代性延伸过程中逐渐普遍化的一个社会现象，因此，对交往异化的研究也是一个逐步深化、逐步升华的过程。从研究的总体状况来看，国外研究早于国内研究，随着西方工业文明的发展，国外较早且系统地对人类所处的生存境况进行反思和批判，彰显出对人的交往异化境况的深切关怀。相比较而言，国内关于交往异化的研究还稍显不足。从研究成果来看，专题性的研究成果较多，但综合性和总体性的研究不多。以下对国内外关于交往异化问题的相关研究作简要梳理与评述。

（一）国外交往异化研究状况

人是交往性的存在。可以说只要有人存在，就一定存在着交往活动。但是，对交往问题进行哲学上的反思却像"密涅瓦的猫头鹰"一样，总是远远滞后于人的交往实践。事实上，随着工业革命的推进，人类的交往方式发生了重大变革，全球化的普遍交往逐渐形成，研究交往问题遂成为一种迫切的理论需要。交往问题受到了众多学者尤其是现代西方马克思主义学者的普遍关注。在这之前，人们虽然意识到不能以这样的交往来生存，却没有明确该怎样交往、如何交往，对这一问题的思考引发了一些学者对人在交往中的主体地位以及人的现代性命运的深刻反思。海德格尔、雅斯贝尔斯、弗洛姆、哈贝马斯等西方学者在对现代性社会批判思考的基础上对交往异化问题进行

---

① 《马克思恩格斯文集》第 2 卷，人民出版社，2009，第 53 页。

了十分有意义的研究，为我们的论题提供了宽广的研究视野和现实参考。

1. 从存在主义角度的分析

存在主义哲学的代表海德格尔继承了他的老师胡塞尔"交互主体性"思想，在《存在与时间》一书中，他不仅提出存在支配人的生存，还指出日常交往的问题，这些问题表现为互相怂恿、相互反对、互不需要、互不关心，相互之间淡漠疏远、缺乏情感沟通。他提出人的此在是一种共在，共在是作为主体的人的一种必不可少的存在方式。人在世界中不仅要与各种各样的物打交道，而且必然要与他人打交道，与他人共同存在，这就是"共在"。"共在"是存在的共同体，其主体间关系是通过活动而相互关联的。"由于这种共同性的在世之故，世界向来已经是我和他人共同分有的世界。此在的世界是共同世界。'在之中'就是与他人共同存在。"① 法国哲学家萨特也看到了"共在"，不同的是，在早期，萨特认为人与人之间的关系是冲突关系，并且个人的自由是他人自由的坟墓。尽管他承认"我们"存在，但这个"我们"却是孤独的多数，人与人之间不仅难以沟通而且孤立无助，是无法真正地走到一起的。在后期，他的思想发生根本转变，认为人与人之间可以成为互惠关系，解决办法就是团体目标的有效调和。②

2. 从历史哲学角度的分析

在当代西方哲学界中，把交往视为哲学问题的核心、倡导交往哲学理念的，除了我们熟知的哈贝马斯，还有德国历史哲学家雅斯贝尔斯。首先，对于交往在哲学中的地位，雅斯贝尔斯认为，交往是衡量哲学思想的主要依据。其次，雅斯贝尔斯认为交往是存在之路，也是真理之路。"生存交往"是他交往思想的核心主旨。所谓"生存交往"是人的一种真实交往，在此，个人摆脱了对他人、集体和世界的依赖，个人作为自主的、独立的个人而生存。个人之间的生存交往会建立起人与人之间的友爱关系和信任关系，这种友爱和信任使人们在相互谅解的基础上实现共同生存，摒弃一切有碍交往的

---

① 〔德〕马丁·海德格尔:《存在与时间》，陈嘉映、王庆节译，生活·读书·新知三联书店，1987，第146页。

② 〔法〕萨特:《存在与虚无》，陈宣良等译，生活·读书·新知三联书店，2007，第504、89页。

因素，诸如猜疑、成见、恐惧、仇恨、虚伪、利己主义等，以一种超越自己生存的、完整理解界限的生存交往建立一种全新的生存状态，从而使人的自由本性复归。最后，"普遍交往"是通向人类大同之路。对于第二次世界大战的诱因和当今世界的全球化浪潮，晚年的雅斯贝尔斯不再将视野局限于两个人之间的简单交往，而将目光投向更加广阔的世界范围，提出了"普遍交往"的新命题，这也是雅斯贝尔斯交往哲学理论的重大发展。他指出，普遍交往使世界范围内人类共同体的实现成为可能。①

3. 从主观心理角度的分析

以弗洛姆和马尔库塞为代表的法兰克福学派一方面继承了马克思的异化理论和卢卡奇的物化理论，另一方面借鉴了弗洛伊德的精神分析方法，开启了现代性的新的批判视角。他们认为，发达工业社会造成的异化已经深入到人内在的生存结构之中，导致更深层次的人的性格结构和心理机制的异化。《逃避自由》《健全的社会》《占有还是生存》《单向度的人》等著作都详细分析了人在性格结构和心理机制层面的异化问题。弗洛姆认为，现代人创造出了一个物质成果极其丰裕的世界，但同时又创造出一个精神极度匮乏的世界。在这种现实生活中，劳动成为人们获取金钱的手段，一切社会行为皆被物质利益所驱使。人们为了实现各自的经济利益，把对方视为实现自身目标的"手段"。人与人之间爱的感情和友好的关系由此蜕变成赤裸裸的相互利用关系，表面上的热情友好掩饰着内心的疏远、冷漠和不信任，这就是现代社会中的交往异化的表现。作为人本主义哲学家，弗洛姆认为，"异化"并不是与社会生产生活相关联的社会现象，而是一种"心理体验"或心理现象。"在这个异化了的世界中，他们觉得自己是异乡人，感到十分孤独"。② 在这个过程中，个人觉得自己是一个外人、异乡人，不仅感到自己和自己日益疏远，而且感觉不到自己和他人的密切联系。马尔库塞认为，当今的工业社会

---

① 〔德〕卡尔·雅斯贝尔斯：《历史的起源与目标》，魏楚雄、俞新天译，华夏出版社，1989，第289~294页。

② 〔美〕艾里希·弗洛姆：《马克思关于人的概念》，载《西方学者论〈1844年经济学哲学手稿〉》，复旦大学哲学系现代西方哲学研究室编译，复旦大学出版社，1983，第68页。

俨然已成为一个极权主义社会，不允许有任何反对意见，不仅如此，人们心中的否定性、批判性和超越性的向度被严重压制。现代社会成为只有一种向度存在的单向度社会，生活在其中的人自然成为单向度的人。①

4. 从社会哲学角度的分析

德国哲学家和社会学家哈贝马斯政治哲学研究的重要内容就是对交往关系和交往行为的反思。他提出著名的交往行为理论，该理论是与现代性的讨论紧密联系在一起的，用以揭示现代性的病症和隐藏在文化领域的深层矛盾。哈贝马斯认为，交往是社会发展的基本动力和基本形式。他把世界分为"主观世界""客观世界""生活世界"三个部分，生活世界由人的社会行为展开，而社会行为区分为目的理性行为与交往行为，两类行为分别对应着不同的规范结构：目的理性行为的规范结构发生于主体与客体之间，即人和物之间；交往行为的规范结构发生于主体与主体之间，即人与人之间。在他看来，生活世界的结构由于受到经济和政治的入侵而遭受威胁，即生活世界被殖民化。然而，哈贝马斯并没有对人类文明唱哀歌，反而坚定地捍卫现代性。他给出的解决办法是通过重视理性化的生活世界来对工具理性所造成的现代性的分裂进行整合，进而推动自由的、平等的公共领域的重建。② 哈贝马斯交往行为理论的旨归在于以主体间性的交往关系建构交往理性，以交往理性的普遍性规范整合交往行为，进而保障私人领域和公共领域的和谐关系，促使生活世界保持合理化状态。

5. 述评

从上述梳理中可以看出，交往异化问题已经全面进入当代西方哲学的研究视域。我们大致可以总结出这样几个特征。

其一，西方交往理论的研究动因是对西方文明与生存危机的反思与超越。随着现代工业文明在西方的迅速崛起，西方马克思主义者深刻地认识到这一剧烈的历史变化给人和人类社会带来的冲击，开始从实践层面思考西方文明的发

---

① 〔美〕赫伯特·马尔库塞：《单向度的人》，刘继译，上海译文出版社，2008，第4~8页。
② 参见〔德〕尤尔根·哈贝马斯《交往与社会进化》，张博树译，重庆出版社，1989。

展轨迹以及人类现实生活的生存危机与困境,从而对西方文明与生存危机进行反思与超越。他们深入思考人的生存价值和意义,尝试构建人的理想共同体,从而实现人与人、人与社会的和谐统一,达到疗治西方文明病症的目的。

其二,西方交往理论的研究中心是现代性的文化批判。现代性的文化批判已经成为现代化进程中一个必不可少的环节,它不仅密切追随现代化的发展进程,同时也不断地发挥理性监督与价值纠偏的功能,从而为现代化的良性发展提供源源不断的支持。以哈贝马斯为代表的西方马克思主义者揭示了当今资本主义世界中扭曲的、走向异化的交往现象,全面展示了西方工业文明时代背景下人的文化困境。

其三,现代性的反思是具体的。西方学者在看待现代性交往问题时习惯从全人类的角度入手,需要指出的是,由于历史传统、生活背景的差异,在研究以人作为主体的交往活动时,不同国家或文明区域的现代性不仅具有普遍的特征,也呈现出具体的面貌,因此现代性的反思性是具体的。所以,我们不能把现代性水平较高的西方交往理论进行全盘移植,基于中国现代化发展实际探索交往合理化路径仍是一项必要的工作。

(二)国内交往异化研究状况

20世纪90年代以来,随着主体性、主体间性在哲学领域的凸显,交往问题逐渐成为国内学者们关注的热点问题,并取得了许多研究成果。总的来说,我国关于交往问题的研究经历过两次发展高潮,第一次高潮是在20世纪90年代初,在改革开放进一步解放思想的影响下,学术界针对交往问题开展了第一次大讨论。当时《哲学研究》开设了"实践、交往和主体性问题"研究专栏①,进行专门性的集中讨论,推出了一批有分量的文章,包括任平的《马克思主义交往实践观与主体性问题——兼评"主体—客体"两极哲学模式的缺陷》、刘刚的《论交往在社会实践系统中的地位和作用》、江丹林的《论交往实践观与唯物史观的内在联系》、朱葆伟、李继宗的《交往·主体间性·客观性》、王南湜的《交往与主客体关系的社会历史规定性——兼与任平同志商

---

① 《哲学研究》从1991年第10期到1992年第10期对这一专栏都有所涉及。

榷》、丁立群的《交往、实践与人的全面发展》等论文。第二次高潮发生在
2000 年左右，随着交往方式、交往手段的多样化，尤其是信息技术带来的互联
网的广泛普及，国内掀起了新一轮的以交往实践为主题的交往问题研究热潮。
2000 年第 3 期《求是学刊》曾开设题为"世纪之交的哲学自我批判"之"20
世纪末中国哲学研究重大问题检讨"的专栏，刊发了王南湜、任平、尹树广、
王国有、王晓东、隽鸿飞等学者的文章，对交往问题进行全方位的探讨。总的
来说，我国学术界在原有马克思交往理论研究的基础上进一步深化了对马克思
经典著作文本的研究，积累了丰硕的研究成果。但是，关于交往异化问题的研
究起步较晚，就现有的研究成果来看，主要是从以下几个角度展开的。

1. 关于交往异化理论的研究

学术界对马克思早期文本中关于交往异化的解读是以"争论"形式呈现
的。以韩立新、唐正东、张一兵、张盾等学者为代表，对《穆勒评注》和
《1844 年经济学哲学手稿》的写作顺序、重要程度、历史地位等内容进行了
激烈的讨论，形成了一系列研究成果，如《〈穆勒评注〉中的交往异化：马
克思的转折点——马克思〈詹姆斯·穆勒《政治经济学原理》一书摘要〉
研究》《从交往异化到雇佣劳动批判——赫斯哲学补论》等。这成为研究马
克思早期文本的一个高潮，主要观点是异化劳动不是马克思异化理论的全
部，马克思在《穆勒评注》中重点论述了从人的自我异化逻辑走向社会关系
逻辑的交往异化，且交往异化在思想水平上要高于异化劳动。这些研究成果
表明了马克思对其所处时代条件下人与人之间异化问题的关注。

关于现代交往异化理论的研究开启于 20 世纪 90 年代，随着西方马克思主
义研究成果的引入，国内相继出现一大批有分量的著作，如仰海峰的《西方马
克思主义的逻辑》等，相关的论文有关健的《西方马克思主义异化理论研
究》、闫艳的《现代西方交往理论及其借鉴意义》、连珩和付雨鑫的《交往异
化及其扬弃》、杨伊的《交往的异化与扬弃及马克思交往理论的当代意义》。
还有一部分研究是在对马克思和哈贝马斯交往理论的对比中展开的，侧重阐述
二人在交往理论上的不同见解，如《哈贝马斯和马克思交往范畴的意义域及其
相互关联》《析哈贝马斯的"交往异化论"》《交往与现代性——哈贝马斯交

往理论述评》等。

2. 关于交往异化概念的研究

按照目前国内学界的理解，交往异化有以下几种认识角度。

一是主体间性的异化。交往是主体与主体之间的关系，那么交往异化自然是主体与主体的关系异化。郝峰等人认为，主客关系异化指向的是劳动异化的基本结构，而对于交往异化而言，其基本结构是主体间性的异化，"人与人不是平等、自由的互动关系，而是从主体—主体关系蜕变为主客关系，其结果是人与人之间的疏离、不平等、不自由"①。

二是人格说。持这一观点的学者认为，人的交往本来是不需要任何中介的，是人格与人格之间直接交往的关系。但是，"在市民社会中，人格之间的交往只有借助于私人所有和货币这样的中介才能完成，结果使人格与人格的关系表现为物象与物象之间的交换关系"②。交往不仅是人与人之间的关系，还是人格与人格之间的关系，但是现实中却出现了违背这一关系的现象，即人格与人格的关系不相符，违背了交往的本意，造成了交往的颠倒状态，这就是交往异化。这种把异化的主体抽象为所谓的人格，把交往理解为没有中介、没有条件的直接的相互补充，容易把交往引入抽象概念的范畴。交往的异化比狭义上的劳动异化更能反映异化的深层本质。

三是人同人相异化。异化的主体可以是孤立的人，也可以是两个人或多个人，交换和消费活动中的人同人的关系及其异化实际上就是人同人相异化。孙夕龙认为，"马克思并没有特别强调'交往'概念，没有阐释其内涵"，马克思对"社会联系"的重视多过于"社会交往"，所以用"社会联系异化"比用"交往异化"更能准确概括《穆勒评注》的主题。③

3. 关于交往异化类型的研究

国内学者对交往异化的表现形式、交往异化的克服途径等问题的研究彰

---

① 郝峰、陈安国：《现代西方哲学交往异化论述评》，《内蒙古社会科学》（汉文版）2001 年第 2 期。
② 韩立新：《论青年马克思的黑格尔转向》，《清华大学学报》（哲学社会科学版）2015 年第 4 期。
③ 孙夕龙：《人同人如何相异化——遵循马克思的思想脉络》，《北京行政学院学报》2015 年第 2 期。

显出前瞻性的眼光和理性的人文关怀。对于交往异化的表现形式，以交往主体为基点，学术界一般归纳为交往主体的手段化、交往主体的片面化、交往主体的角色化、交往主体的抽象化、交往主体的冷漠化。①

4. 关于克服交往异化的研究

关于如何克服交往异化，学者们从不同角度进行了广泛的思考：有的着眼于伦理角度，如赵淑辉认为，交往问题的实质是交往理性的问题，而交往异化产生的主要原因就在于交往理性的缺失，提出以健康积极的主体意识、诚实守信的道德意识、平等的人格意识、相互尊重的社交意识、互惠互利的市场意识对中国当代交往理性进行文化建构。② 有的着眼于制度角度，认为人与人之间的交往异化是由现实的以私有制为基础的不平等的社会关系所导致的，所以，要消除交往异化，"就是要消除建立在私有制基础上的资本的运行逻辑和它的全球化特质"③。有的从多个角度着手，提出交往合理性的实现有赖于交往观念、交往手段、交往调控机制以及主体交往资质等多个方面的合力作用。④

5. 述评

从上述有关国内研究情况的梳理中可以简单总结出以下几点。

第一，学者对交往理论、交往与人的发展、交往实践、交往方式的革命等问题进行了深入的研究，取得了令人欣喜的成果，但是从现有的关于交往异化的研究成果来看，要么相对零散，将复杂的交往理论作为马克思异化理论的一部分内容来阐释；要么虽以独立研究的形式出现，却侧重于交往异化问题的某一方面。从总体上、整体上探讨交往异化的实质、表现、危害、根源、消除等一系列问题的研究成果仍相对不足。

第二，对交往异化的类型和表现形式基本达成共识，但对交往异化的概念尚存在模糊的界定，交往是在什么意义上形成异化现象的，又是在什么层

①　孙占奎等：《交往与异化——关于现代交往的负面研究》，《哲学研究》1994 年第 5 期。

②　赵淑辉：《当代中国交往理性研究》，博士学位论文，东北师范大学，2010。

③　连珩、付雨鑫：《交往异化及其扬弃》，《科学·经济·社会》2009 年第 2 期。

④　李素霞：《交往合理性探微》，《道德与文明》2004 年第 4 期。

面上产生异化问题的，仍须进一步厘清，同时，对交往异化产生的深层原因、克服交往异化的途径等问题还需要进一步研究。

第三，现代交往深处于现代性的张力与矛盾之中，现代性衍生了现代交往，同时也是现代交往的症结所在。实际上，交往异化是现代性背景下人的异化的凸显和深化，克服异化和扬弃异化的过程中我们不得不回到现代性的命题上。因此，以现代性为背景来审视交往异化问题，尤其是如何直面当代中国社会的交往异化问题，如何构建人与人之间的平等、真诚、友好交往等实践层面的问题，还需要深入研究。

第一章　交往异化的理论基础

交往是人的存在方式，它展开于主体与主体之间交互作用的生存结构之中。人是有限的个体，在孤独状态下人无法生存，只有通过与他人的交往，才能进行正常的生产和生活。因而，只要有人和人类社会，人的交往活动就一定存在。交往是维持人的生存与发展的源泉，是推动社会发展与进步的不竭动力。交往还是人之所以为人的根据。自然存在是人类的第一属性，是人得以存在和发展的物质前提，但人在本质上是一种社会存在物。人的本质，在其现实性上是一切社会关系的总和。在经验性地学习、模仿过程中，人实现了自我确证、自我认识、自我发展、自我完善。交往体现的是广泛的社会联系和社会关系，是人的联合形式，而这种联合是人所特有的，体现的恰恰是人的真正的社会联系。所以说，人们在交往实践活动中也充分彰显了自己的社会本质。

第一节　相关概念的界定

一　交往的概念界定

（一）交往的词源解析

从词源上来讲，"交往"一词并不是舶来品，而是汉语中常用的词语。《论语·学而》记载，曾子曰："吾日三省吾身：为人谋而不忠乎？与朋友交而不信乎？传不习乎？"其中，"与朋友交而不信乎"说的就是交往。在中文里，"交往""往来""交际"等词语经常等同使用，尤其是在口语表达中更不作明确的区分。《现代汉语词典》中释义：交际是"人与人之间往来接触"，而交往是"互相来往"。《孟子·万章下》记载："敢问交际何心也？"东汉经学家赵岐注："际，接也。交际谓人以礼仪币帛相交接也。"交往后来泛指人与人的往来应酬。在老子的"小国寡民"设想中，"邻国相望，鸡犬之声相闻，民至老死不相往来"，人与人通过直接交往而形成、发展起来的心理关系是较低层次的社会关系，但同时又渗透和影响着社会关系。

在西方语境中，交往源于拉丁语 communis，原意是指"共同的、共有的"。随着词源含义的扩展和应用范围的扩大，今天人们把它理解为"分享"，信息、思想、观念等主观世界的分享都可以视作交往的范畴。communis 还派生出了许多词语，例如 communication（英语词）和 kommunikation（德语词），但这些词语是在更广范围内的释义，不仅包含信息、思想、观念等主观世界的分享，还包含了商品、地点等客观世界的传播、交换、交流等。

马克思在 1846 年 12 月 28 日于布鲁塞尔致帕·瓦·安年科夫的信中写道："为了不致丧失已经取得的成果，为了不致失掉文明的果实，人们在他们的交往［commerce］方式不再适合于既得的生产力时，就不得不改变他们继承下来的一切社会形式。——我在这里使用'commerce'一词是就它的最广泛的意义而言，就像在德文中使用'Verkehr'一词那样。例如：各种特权、行会和公会的制度、中世纪的全部规则，曾是惟一适应于既得的生产力和产生这些制度的先前存在的社会状况的社会关系。"① 在这里，我们可以清晰地了解到，德语中的 Verkehr（交往）含义十分广泛，不仅包括交通、交换、通信、流通，还包括个人、社会团体以及国家之间的物质交往和精神交往。除此之外，我们还可以确定的是，马克思所讨论的交往不是虚无缥缈的人的关系，而是与一定社会历史发展阶段相适应的社会关系。在马克思恩格斯的英文著作中，intercourse 与 Verkehr 相对应，例如，马克思在《不列颠在印度统治的未来结果》中提到的"互相交往和来往"②，恩格斯在《英国工人阶级》中

① 《马克思恩格斯文集》第 10 卷，人民出版社，2009，第 43~44 页。
② 《马克思恩格斯选集》第 1 卷，人民出版社，1995，第 770 页。

提到的"和普通工人交往"① 等，所用的交往一词均是 intercourse，这也说明马克思恩格斯是从最广泛、最普遍的意义上使用和论证"交往"概念的。

（二）交往的概念界定

按照通常的理解，"交往"并不是哲学研究主题的"常客"，相反，"交往"常常被视作社会学、人际关系学乃至政治学（国际政治）等实证研究领域范畴。这也是"情理之中"，因为"交往"发端于社会，存在于人与人之间，并在国际关系中扩大，本身就具有多学科交叉的特点。经过一定的研究，我们发现，"交往"在其他具体领域中，有这样几个特点。

社会学侧重从行为上开展研究。社会交往是社会学领域内的经典命题，目前已有丰厚的学术积累。《中国大百科全书·社会学》中，"社会交往"就是社会互动，指向的是人的心理交感和行为交往过程。② 社会学侧重研究人的社会交往行为，人与人在社会生活中会形成大量的自我互动、人际互动、社会互动等多种角色互动，进而形成特定的社会联系。

人际关系学侧重提供方法和策略。人际关系学并不是成熟完整的学科，但是市场上相关的论著可谓汗牛充栋，也广受社会大众的欢迎。它主要从工具角度对什么是人际关系、如何正确认识人际关系、如何正确处理人际关系等一系列现实具体问题提供了多角度的指引。

政治学侧重从国家、共同体角度进行研究。"人类在本性上，也正是一个政治动物"③，该论点可谓一语道破了交往的目的和缘由。政治学鼻祖亚里士多德认为国家起源于人类合群的天性和品德，"人类自然是趋向于城邦生活的动物"④，只有参加城邦生活，与他人结合，与他人交往，才能真正抵达所谓的"优良生活"，这是城邦的本质。在政治学领域中，交往包括政党之间的交往活动、民族之间的交往活动、国家之间的交往活动。任何一个政

① 《马克思恩格斯选集》第 1 卷，人民出版社，2012，第 81 页。
② 中国大百科全书总编辑委员会：《中国大百科全书·社会学》，中国大百科全书出版社，1998，第 303 页。
③ 〔古希腊〕亚里士多德：《政治学》，吴寿彭译，商务印书馆，1983，第 130 页。
④ 〔古希腊〕亚里士多德：《政治学》，吴寿彭译，商务印书馆，1983，第 7 页。

党、民族、国家都不可能孤立存在，它们必定要通过与其他政党、民族、国家建立某种联系，确立起相互的交往关系。

诚然，"交往"在具体科学中各有侧重。面对"交往"一词在中文语境中的"替代使用"和西方语境中的"包罗万象"，作为系统化、理论化的世界观和方法论，哲学有必要澄清人们对交往概念的忽视甚至是误解，也有必要以理性的眼光审视并揭示人类交往发展的一般规律。哲学是系统化、理论化的世界观和方法论。哲学的系统化是指无论在什么时候，无论对于什么命题、什么问题，哲学都不是给予片面的、支离破碎的理解，而是时刻以一种严密逻辑和完整结构的范畴关系来勾勒出其基本面貌；哲学的理论化在于彻底，它不游离于表面、浅尝辄止，而是以深邃的目光和彻底的盘问去探究问题的实质。因此，哲学界对交往概念的探析不容忽视。目前来看，哲学界大致从以下角度对交往概念进行了界定。

第一，从关系角度对交往的界定。交往是一个关系范畴，应当首先理解为交往具有互动性。交往的互动性是指交往主体之间相互影响、相互作用的性质。交往的主体和客体都是从事社会活动的人，相互实现物质、能量、信息、情感等方面的沟通与交流，因而，交往是主客体之间的、双向的、互动的交流过程。在交往过程中，每一个交往主体都受到另一个交往主体的影响。丁立群认为："交往是人与人之间的社会联系。"① 人与人之间的社会关系构成了交往的最本质特征，交往就是社会关系的具体化和现实化。

第二，从实践（活动）角度对交往的界定。以实践来界定交往的观点，一般来说把交往与实践的关系看得特别紧密，甚至把它们等同起来，认为交往与实践互为前提，互相依存：一方面赋予实践以交往性，实践的社会历史性与交往性高度融合，"交往性是人类实践突出的社会本质特征"②；另一方面也赋予交往以实践性，交往的本性是实践，交往的范畴也必然从属于实践范畴。这是国内学界对交往实践的开拓性理解，它主要考察历史发展与人的活动之间的

---

① 丁立群：《交往、实践与人的全面发展》，《哲学研究》1992 年第 7 期。
② 任平：《马克思主义交往实践观与主体性问题——兼评"主体—客体"两极哲学模式的缺陷》，《哲学研究》1991 年第 10 期。

关系，交往既是人的主体实践活动，也是一种能动的对象性的认知活动。

第三，从相互作用角度对交往的界定。这种界定是将交往理解为不同的交往主体，即在一定历史条件下现实的个人、阶级、社会集团、国家之间，凭借语言符号系统进行互相往来、相互作用、相互沟通，侧重的是从人们的知识、情感、意志等心理层面把握交往关系，强调的是交往主体之间的互通性、共通性，企图达到的是人与人之间互相理解与和谐统一的效果。

第四，从体验（过程）角度对交往的界定。这一界定认为交往是一种多维度的社会心理现象，根植于人类复杂的精神活动系统，其实现机制表现为认知整合、情感共鸣、意志协调与行为互动的动态化心理过程，强调在感悟中体验交往，在感悟中发展培育交往的能力，以更好唤醒主体间内心的需要。人置身于社会关系中，并从中感受到浓浓的情谊，有助于消除内心的孤寂感。这种界定方式在现代性思潮的影响下，受到越来越多学者的青睐和重视。

以上种种，分别从不同角度揭示了交往的基本特征和应然状态，可以说都有一定的道理，表明了哲学界对交往现象的密切关注。值得注意的是，交往是一个较为复杂的系统，在一定程度上说，交往系统是涵盖人类一切活动的庞杂系统。所以，从总体上、整体上、根本上概括交往的基本范畴显得尤为重要。按照马克思的理解，交往是唯物史观的一个重要范畴，交往不仅包括人与人之间的交往活动，还包括人与人之间的交往关系。鉴于此，本书认为，哲学上的交往范畴就是指人与人之间为了实现一定的目的，通过媒介手段而开展的各种实践活动以及在此基础上所形成的各种普遍性的社会关系。由此，交往形成了三对基本范畴，即交往是主体与主体相统一的活动，交往是手段与目的相统一的活动，交往是规范与自由相统一的活动。

二　异化的概念界定

（一）作为一般概念的异化

"异化"一词来源于德文 Entfremdung，据侯才教授考证，这个词源自希腊文，意为分离、疏远、陌生化。"它是由马丁·路德在 1522 年翻译圣经时从希腊文《新约全书》移植到新高地德语中的，指的是疏远上帝、不信神和无知。"① 意大利语一般采用"alienazione",该词来源于自然法学派,是"他者"的意思。Entfremdung在汉语中被译为异化。《苏联大百科全书》"异化"条目中指出,异化是阶级对抗社会所固有的客观社会过程,其特点是把人的活动和这种活动的结果转化为一种支配人并与人敌对的独立力量。美国《斯坦福哲学百科全书》"异化"条目上的解释是:异化是某物或某人疏离(或外在)于某物或某人的行为,或者这种行为的结果。《不列颠百科全书》"异化"条目上也列出了几种理解:无能力;无意义;无准则;对文明教化的疏远;社会的孤立;自我疏远。②

（二）作为哲学概念的异化

早在中世纪的哲学思想中已经出现"异化"概念的雏形,虽然多少带有神秘主义色彩,但也反映出神学家们对这一问题的尝试性探索。中世纪提出的所谓"异化"概念,大致有三种含义:一是神学的"神性放弃"。由于圣灵"走出自身",道成肉身,"永恒性的特质被摒弃,上帝不再是上帝"。这种理解也被后来黑格尔的"绝对精神概念走出自身"所接纳。二是人和人性之间的关系异化。这实际上说的是精神与肉体的异化,被奥古斯丁称为"物理感官的心态异化"。因为它使人超越肉体的限制,人的心灵得到了升华、塑造,和上帝达到了统一,因而是一种积极的状态。三是罪恶的人类与上帝相疏离。人类由于自己的无知,与神所赐予的生命相决断。

17~18世纪自然法学家代表格劳秀斯、霍布斯、卢梭在权利转让的意义上来理解和使用异化概念。在格劳秀斯和霍布斯看来,人把自己的自然权利转让给国家,而国家权力反过来却造成人自由的丧失,这种国家权力相较于自然权利的异质过程就是异化。换句话说,异化就是法律意义上的让渡或放弃。卢梭继承并发展了这一思想,但在适用范围上又进一步丰富了异化概念。"对他来说,'异化'既适用于物,也适用于具体人类权利的放弃或让渡行为(将其寄托在国家身上),此外,还适用于其他基于社会契约的行

① 侯才:《有关"异化"概念的几点辨析》,《哲学研究》2001年第10期。
② 转引自陆梅林、程代熙编选《异化问题》(下),文化艺术出版社,1986,第434~492页。

为。"① 虽然卢梭论及异化的经济因素，揭示出人与人之间不平等的根源，但从本质上说，卢梭所指的异化仍旧是政治异化，异化的根源在于自愿转让。

将异化概念进行普遍推广的是德国古典哲学领域的三位哲学家：费希特、黑格尔和费尔巴哈。在费希特那里，"自我"和"非我"是其思辨哲学中一对十分重要的概念，他认为，"自我"是中心，它能创造自然界和人类历史，整个大千世界就是"自我"的创造物，而这些创造物就是"非我"。② 异化就是从"自我"到"非我"的过程。与费希特不同，黑格尔将精神和理念的东西视作万物之本源，自然界与人类社会都是精神自我异化的产物。异化不仅是理念的表现形式，同时也是整个世界发展的最初动力。③ 从这个意义上说，黑格尔是在本体论层面极力主张绝对精神的外化。他认为，异化和外化是意义不同的两个词语。外化有"放弃"的意思，既有积极意义也有消极含义；而异化是"疏离""分裂"的意思，只具有消极意义。费尔巴哈在宗教领域探讨了类本质的异化问题，他认为人的最高本质就是人的自然本性。由于人把自己的自然本性交给了上帝，所以人丧失了自己的最高本质，也就是丧失了人性，从而不得不去崇拜上帝，他将此称为人性的异化。④ 显然，费尔巴哈对异化的理解是一种人本主义的异化观。不可否认，德国古典哲学对异化概念的使用和界定对马克思异化概念的提出和异化理论的形成产生了十分深远的影响。

三 交往异化及相关概念辨析

（一）交往异化的含义

交往异化，顾名思义，指人们在交往实践活动中的异化现象。具体来说，主要体现在以下三个层面。

---

① 〔波〕亚当·沙夫：《作为社会现象的异化》，衣俊卿等译，黑龙江大学出版社，2015，第33页。
② 〔德〕费希特：《全部知识学的基础》，王玖兴译，商务印书馆，1986，第10～30页。
③ 〔德〕黑格尔：《精神现象学》（句读本），邓晓芒译，人民出版社，2017，第297～300页。
④ 《费尔巴哈哲学著作选集》（下），荣震华等译，生活·读书·新知三联书店，1962，第521页。

其一，交往异化是交往主体在交往实践活动中被某种物质力量控制、奴役、支配而表现出来的一种不自由的状态。人与人之间的交往是建立在交往目的基础上的，交往通常是为了获得某种物质利益或其他现实性的、能满足交往主体需求的东西。因此，人与人的交往关系就直接表现为人与物的关系，间接表现为物与物的关系，而人与人之间的交往也就受到物的控制、奴役和支配，交往主体间共同获得的那些"物"的东西就成为控制、奴役和支配交往主体的异己力量。因此，这种交往关系在整体上表现为一种"自发的客观的联系"，"自觉的个人的相互作用变得没有多少意义，人在这种联系中只是形式上的主体。既然人不是联系的主体，那么控制的权力就是一种异己的力量"①。

其二，交往异化表现为对交往主体的否定，使其成为某种物的附属品。人是一切社会关系的创造者，理应成为其中的现实主体。但是，在资本成为支配一切经济权力的现代社会，人并没有成为自己所创造出来的社会关系的主体，反而成为这种社会关系的附属品，并为这种社会关系所控制、奴役和支配。对此马克思深刻指出："只要人不承认自己是人，因而不按照人的样子来组织世界，这种社会联系就以异化的形式出现。"② 也就是说，在资本占据主导地位的社会关系下，人在交往中被彻底否定。

其三，交往异化表现为交往关系的扭曲。在资本占据支配地位的现代社会，交往中的人与人的主动关系降格为从属于物的被动关系，自由的、平等的交往成为不自由的、不平等的交往。

由上分析可见，交往异化就是指人们在交往实践活动中受到物的控制、支配和奴役，本来自由自觉的交往活动变成了被迫的、异己的、不受人支配和占有的活动，进而表现为一种不自由、不自主的受控状态。

必须明确的是，在人类发展史中，交往异化如同其他异化现象一样，是一种历史性的存在，有其存在的正当性理由。没有异化的出现和发展就没有异化的扬弃，人类的自由全面发展正是在异化的发展与扬弃过程中实现的。

---

① 陈力丹：《精神交往论——马克思恩格斯的传播观》，中国人民大学出版社，2008，第487页。
② 《马克思恩格斯全集》第42卷，人民出版社，1979，第24~25页。

在马克思的理论语境中，"异化就意味着要在社会物质生产中不断消除压迫人、压抑人、脱离人、反对人的社会状况，使人自身的劳动成果始终为了人、解放人、发展人"①。交往异化是人的交往发展的必经阶段。交往异化的出现并不意味着我们就可以"袖手旁观"，相反，应当积极地正视交往异化现象、重视交往异化问题，实现人的交往自由。

（二）相关概念辨析

1. 交往异化与交往危机

交往危机和交往异化都是人们所不期望的交往状态，但是，交往危机是可以通过人的主观能动性的发挥避免发生或者全面克服的。而交往异化是人的交往发展过程中不可避免的一个阶段，或者说是一个必然要经历的历史阶段。在资本主义社会发展过程中，个人逐步摆脱了地域、民族的限制，同整个世界的生产发生联系，并且获得了不依赖于人的独立性，然而很快又陷入另外一种依赖关系，即对物的依赖关系。对交往异化的克服和扬弃，将会推动全面、自由的交往的到来。

2. 交往异化与（社会）关系异化

关系异化或社会关系异化看似和交往异化的表述相差不大，甚至在某些情况下等同使用，有学者指出，"马克思无论是探讨异化劳动还是探讨交往异化，都是在关系异化的逻辑下展开的，《1857—1858 年经济学手稿》是马克思关系异化理论成熟的代表作"②。但是，人类的交往活动是诸多社会活动的一种主要形式，而交往关系也是诸多社会关系的一个主要方面。通常来讲，社会关系不仅包括人与人的关系，还包括人与社会的关系。从发生学意义上讲，社会关系是人们交往的产物，个体只有进入到某种社会关系中才能开展交往活动。马克思特别用"社会"一词来限定关系，可见马克思强调的关系是人与人之间在劳动生产基础上建立起的社会交往关系。换言之，个人通过交往被纳入庞大的社会体系中，进而建立起现实的人与人之间的包括物

---

① 王思鸿：《马克思异化理论的历史生成与当代价值》，中国社会科学出版社，2016，第 31 页。
② 张艳伟：《从自我异化到关系异化——对马克思异化观的再思考》，《社会科学家》2013 年第 4 期。

质生产关系、精神生产关系在内的一系列社会关系。所以，不能简单地将交往异化与关系异化或者社会关系异化相等同。

3. 交往异化与物化

这里要区分一下物化与异化，在马克思那里，物化虽然与异化具有相当程度的同一性，但是两个概念并不是完全一致的。卢卡奇认为，在发达资本主义条件下，商品形式越来越普遍发展的时候，物化的特征就会越来越突出。物化至少有两层意思：第一层意思是指人通过一定的社会形式对自然的占有或对象化过程，人类通过劳动生产在对生产对象的改变中实现自己的预期目的，这是发生在生产领域的物化；第二层意思是指在商品交换关系中所形成的特定的社会关系物化，人与人的关系变为物与物的关系。可以看出，交往异化与物化的第二层意思较为接近。①

第二节　交往的基本范畴

哲学是打开世界的一扇天窗，是一种视界，是人们思维的"地平线"。诚然，哲学不会告知人们做事情的具体路径，但把我们带到了一个"至高无上"的平台，在这个平台上人们可以"俯瞰"各种社会现象和社会问题。对交往异化的理解离不开对交往范畴的分析，只有厘清交往的哲学范畴，才能清楚交往是在什么意义上形成异化现象的，又是在什么层面上产生异化问题的。从人的交往历程来说，交往的范畴关系不是一成不变的，随着交往活动的内容、形式、条件、环境的不断变化，交往的基本内涵和结构组成也是在不断发生变化的。同时，一定的社会历史发展阶段决定着交往的基本结构组成，而一定的交往结构总是与特定的历史发展阶段相适应。正所谓，一个时代的交往必然会刻下那个时代的社会烙印。但是，从交往的应然状态来说，我们认为，交往是主体与主体相统一的活动，是手段与目的相统一的活动，是规范与自由相统一的活动。

---

① 〔匈〕卢卡奇：《历史与阶级意识》，杜章智等译，商务印书馆，1992，第144~154页。

一 交往是主体与主体相统一的活动

马克思对交往的理解，主要指的是人与人之间的交往。无论从物质生产还是从精神生产来说，人都是劳动生产的主要承担者，所以，交往是人与人之间相互往来，进行物质和精神交换的社会活动。人是交往的主体，交往实际上就是作为主体的人与另外一个作为主体的人相互交流、相互联系的过程。

（一）作为交往主体的人

交往的主体是人。在黑格尔那里，主体不是现实的人，而是绝对精神，现实的人反而成了绝对精神的产物或客体。马克思认为，黑格尔将主客体关系完全颠倒了，"主语和谓语之间的关系被绝对地相互颠倒了：这就是神秘的主体—客体，或笼罩在客体上的主体性"。① 费尔巴哈则以自然的人取缔了以往哲学的自我意识概念，将人视为哲学的最高对象，进而把人视为创造思辨哲学和宗教神学的真正主体。但是，他仅仅把人看作感性对象而不是丰富的感性存在，并没有认识到人是现实的、具体的人和感性活动的存在。他所讲的"人"并不是一个个体，人的实体和主体是割裂开的。在费尔巴哈那里，精神、意识不过是主体的特性，真正的主体是"实在的和完整的人"②。马克思认为，作为交往主体的人不是先验的、抽象的，而是"现实的人"。这里，马克思特别强调"现实的人"，所谓"现实的人"就是从事物质生产活动且处于一定交往关系中的个人，"这里所说的个人不是他们自己或别人想象中的那种个人，而是现实中的个人，也就是说，这些个人是从事活动的，进行物质生产的，因而是在一定的物质的、不受他们任意支配的界限、前提和条件下活动着的"③。个人通过有目的、有意识的活动从事物质生产，成为人与自然之间交往关系的主体；而现实的个人处于交往的社会关系之中，成为人与人之间交往关系的主体。所以说，现实的个人作为交往的主体，既表现在人与自然的关系之中，也表现在人与人的关系之中。只有在物

① 《马克思恩格斯文集》第 1 卷，人民出版社，2009，第 218 页。
② 《费尔巴哈哲学著作选集》（上），荣震华等译，生活·读书·新知三联书店，1959，第 85 页。
③ 《马克思恩格斯文集》第 1 卷，人民出版社，2009，第 524 页。

质生产活动中，人才能成为实际掌握自己的生产过程、生产资料和生产产品的主体，从而成为现实的主体。

马克思所强调的"现实的人"是处于一定社会关系中的人。费尔巴哈学说中的"人"是离开人的现实活动和历史发展过程的"抽象的人"。在马克思那里，个体是社会的细胞，个体融入社会的过程也推动着历史的进步与发展。然而，单个人是无法进行生产的，个人为了生产结成一定的交往关系。马克思明确指出："迄今为止的一切交往都只是在一定条件下个人的交往，而不是作为个人的个人的交往。"① 所谓人的本质是社会关系的总和，也是在这个意义上提出的。也就是说，交往必须具备一定的社会历史条件，每个时代的生产方式和活动方式是这个时代交往方式的基础。

作为交往双方的人与人之间是一种互为主体的关系。每个人都是交往活动的创造者和拥有者，都会通过一定的物质或精神产品对交往对象施加影响，也必然要在彼此的沟通、对话、交流中体现自己的主体性。现实的人在交往关系中具有主体地位，并不是说只有个人才是交往关系的主体。从数量上说，交往可以发生在个体与个体之间，也可以发生在群体与群体之间，还可以发生在个体与群体或群体与个体之间。实际上，随着生产力的发展和社会分工的出现，交往的主体形式呈现出复杂化和分化的特点。社会分工打破原有的交往结构，在行业分工和私有制的基础上逐渐发展出新的交往主体。但是，无论是个人还是群体，只要是处于一定社会历史条件下的交往主体，都会经由一定的社会实践活动来确证自己的主体地位，并表现出现实性的资格和主体性的立场。

（二）作为交往关系的主体间性

马克思在异化劳动的第四重规定"人同人相异化"中，并没有作更加详细充分的解释，因为用之前的主体—客体范畴已经无法解释"人同人相异化"的问题，需要以新的范畴解释这种异化形式。这就有了表示主体与主体之间关系的主体间性。自胡塞尔首次提出主体间性以来，这个概念便受到广

---

① 《马克思恩格斯文集》第 1 卷，人民出版社，2009，第 579 页。

泛关注和讨论，成为哲学界的"时髦"研究对象。萨特用主体间性描述主体的共在关系，哈贝马斯用主体间性来阐释交往行为理论。实际上，在相当长一段时间，人类生存问题的重点集中在人与自然、人与物的关系上，人与人的关系受到的关注相对较少，这一关注点的转移也导致研究范式的转移，即从"主体—客体的关系"转向"主体—主体的关系"。从发生学角度而言，交往发生在人与人之间，而不是物与物之间或人与物之间，所以归根结底，交往是人与人之间的相互关系。严格意义上说，交往是一种主体—主体结构，是一种交互主体性或主体间性。正如有学者所指出的，"人的世界是一个交往的世界，主体间性是在人们交往中表现出来的，因而主体间性实际上是一种交互主体性"①。

　　主体间性决定交往的性质和人类社会发展水平。从马克思关于社会基本形态的论断来看，人的交往先后会经历三种形态，即自在自发的交往形态、异化受动的交往形态、自由自觉的交往形态。自在自发的交往是交往主体之间依赖血缘关系、天然情感、风俗习惯等自发建立的交往关系；异化受动的交往是交往主体之间不平等、不自由、不自主的活动，交往的一方将另一方视为客体，主体—主体的交往关系降格为主体—客体的交往关系；自由自觉的交往是交往的发展趋势，交往主体之间以一种平等的、自觉的、自主的方式进行交往，在此基础上建立合理、健全的交往关系。

　　交往主体与主体是统一的，统一的基础是实践。主体与客体的二元对立是传统认识论的一个误区，那就是未能把联系主体与客体的最重要的"实践"纳入认识对象。马克思主义认为，全部社会生活在本质上是实践的。实践作为联系主体与客体的桥梁，不仅存在于人改造自然的活动中，也存在于人与人的交往活动中。实践是人有意识有目的的对象性活动，这样就必然存在明确的主客体关系。人与人交往虽然不像在人与自然的交往中体现得那样显著，但无论是纵向的世代交往还是横向的同代交往，人们总是要借助一定的中介形成某种联系，而这种联系下的主体都具有鲜明的主体性和客体性特

---

① 郭湛：《论主体间性或交互主体性》，《中国人民大学学报》2001 年第 3 期。

征。实际上，交往本身就是一种实践，既是在基本的物质生产实践中产生，又是实践的对象和客体。在交往实践中，人们不断改造、优化交往形式，促使交往朝着合理化方向发展。

如果说交往活动中存在客体，那也是针对交往活动中有一方必定是交往的主要发起者、施动者、承担者来说的，而并不是针对有关交往过程的主观认定和交往结果的评价来说的。理想的交往模式是去客体的交往，是一种主体间的关系。在人与人的交往关系中，交往双方在交往活动中都具有主体地位。所以我们说，交往是一种以主体间性为核心和基本结构的活动，是一种体现了人与人之间自由的、平等的交互作用的活动，因而是体现人的实践本质和创造性的活动。

二 交往是手段与目的相统一的活动

人的任何社会活动都是有目的、有指向的，作为人的基本存在方式或基本活动方式的交往更是如此，其中蕴含着人的价值取向和追求。为了保证交往活动目的的实现，必须借助一定的手段，以使交往活动按照人们所期望的那样开展。

（一）交往的目的性

任何社会活动的开展都有一定的目的。目的作为哲学范畴，是指行为主体根据自身的需要、要求、愿望，借助一定的手段或媒介，预计达到的效果或想实现的特定追求。所谓交往目的，就是人们在交往活动开始之前的主观判断、推定、预设、期望，是交往主体开展交往活动的基本出发点和内在行动力。

交往的目的是什么？换言之，人为什么要交往？马克思恩格斯给出了答案。马克思指出："如果个人 A 和个人 B 的需要相同，而且他们都把自己的劳动实现在同一对象中，那么他们之间就不会有任何关系……不会使他们发生任何社会接触……只有他们在需要上和生产上的差别，才会导致交换。"① 主体之间需要的差异性是交往发生的动因，如果需要完全一致，那就没有接触

---

① 《马克思恩格斯全集》第 46 卷（上），人民出版社，1979，第 194 页。

和交换的必要了。恩格斯也指出："人们从一开始，从他们存在的时候起，就是彼此需要的，只是由于这一点，他们才能发展自己的需要和能力等等，他们发生了交往。"① 正是由于交往主体之间的差异，交往才以弥补、协调、补给的形式出现。说到底，需要是交往的直接动机。而需要根源于匮乏，需要主体的实际匮乏状况和匮乏危机意识，都促使其不但要关注客体对象，还要关注交往对象。正是有了这种社会交往活动，主体意识层面的"需要"才转变为现实的"得到"。

交往是一种合目的性的活动，其目的来源于人的需要。人的需要作为一种内在动因，对交往的发展和演化起着相当重要的作用。首先，需要产生了人交往的重要工具——语言。"语言也和意识一样，只是由于需要，由于和他人交往的迫切需要才产生。"② 这表明，人的需要推动了人类的语言和意识的产生与发展，而语言和意识的丰富和发展反过来又会进一步增加对交往的需要，丰富交往的内容和形式。其次，需要产生了人们交往的政治共同体。人类最早的国家形式——城邦就是基于人们的需要而产生，亚里士多德认为，人合群的本性要求过城邦生活，这样才组成家庭、建立村社和部落，城邦是自然进化的产物。再次，较低层次的交往需要满足以后，马上就会出现较高层次的交往需要。"由于人类本性的发展规律，一旦满足了某一范围的需要，又会游离出、创造出新的需要。"③ 人就是在需要的产生与满足、再产生与再满足中不断发展自身的能力。这也是人必须面对和解决的"人"的问题。最后，需要不仅是人们交往活动的原因，还是人的本性。"由于他们的需要即他们的本性，以及他们求得满足的方式，把他们联系起来（两性关系、交换、分工），所以他们必然要发生相互关系。"④ 马克思认为，人是喜爱交往的存在物，有和同类交往的需要。这种迫切的需要并不是源于其生理需要，而是源于人的存在的特殊性——人是社会性存在。

---

① 《马克思恩格斯全集》第 42 卷，人民出版社，1979，第 360 页。
② 《马克思恩格斯文集》第 1 卷，人民出版社，2009，第 533 页。
③ 《马克思恩格斯全集》第 32 卷，人民出版社，1998，第 223 页。
④ 《马克思恩格斯全集》第 3 卷，人民出版社，1960，第 514 页。

（二）交往的手段性

主体间的任何交往活动都要借助一定的交往媒介或交往手段。所谓交往手段是指交往主体与主体之间进行交往活动所运用的依赖手段或中介载体，既包括实物中介，如劳动工具、劳动对象、劳动产品等；也包括符号中介，如语言、文字等。采取何种手段交往、使用什么媒介交往，在一定程度上直接决定着交往的性质以及交往主体能力的发挥。

语言是以符号形式来表达思想、交流情感的最基本最常见的交往媒介。哈贝马斯就把交往行为视作达到相互理解这一目的的"言语行为"，"劳动和语言比人和社会更古老"[1]。语言媒介推动信息、思想、情感的沟通，促进物质、能量的交换，其作用的发挥直接影响着交往活动的实现。马克思恩格斯也肯定了语言作为交往媒介的重要作用，"语言是一种实践的、既为别人存在因而也为我自身而存在的、现实的意识"[2]。语言符号的产生与演化，极大地便利了人与人之间的交往沟通。现代社会，交往活动的另一种主要媒介就是货币。货币是商品交换的手段，由于交换价值是商品社会的目的，所有商品包括人的劳动在内的全部成果必须转化为交换价值才有意义。在货币产生以后，这种支配关系体现得更为彻底。货币是充当一般等价物的商品，任何东西都要换成货币才能体现出价值。正如马克思所说，"货币是需要和对象之间、人的生活和生活资料之间的牵线人"[3]，人与人之间通过货币建立起更加复杂的社会关系。

（三）交往是目的与手段的统一体

交往的目的是实现人的自由全面发展，而促进人的自由全面发展的重要手段便是普遍交往。在历史唯物主义视域中，个人不是孤立存在和发展的，"一个人的发展取决于和他直接或间接进行交往的其他一切人的发展"[4]。个人只有通过交往，才能建立起各种人际关系，建立起一定的群体或者是社会组

① 〔德〕尤尔根·哈贝马斯：《交往与社会进化》，张博树译，重庆出版社，1989，第141页。
② 《马克思恩格斯文集》第1卷，人民出版社，2009，第533页。
③ 《马克思恩格斯文集》第1卷，人民出版社，2009，第242页。
④ 《马克思恩格斯全集》第3卷，人民出版社，1960，第515页。

织，进而才能更好地从事物质生产活动。只有在普遍的交往中，个人才能摆脱民族、地域等条件的限制，同整个世界的生产建立起联系。

交往的目的与手段统一于物质生产活动。在唯物史观看来，物质生产活动是人类生存与发展的第一个历史活动。马克思主义认为，人类生存的第一个前提，是有生命的个人的存在，这也构成了历史的第一个前提。这些现实的、具体的人能够存在，必须能够生活。为了生活，人首先必须满足吃、喝、住、穿等基本需要。这是人类社会开启于生产劳动的重要原因，生产劳动是维持一切历史活动的基本条件。人类改造自然所使用的中介载体，一方面将合目的性的形式传递并赋予客体，另一方面也实现了主体与主体之间的沟通、理解和认同。也就是说，物质生产活动不仅以改造人与自然的关系为目的，还以改善人与人的社会关系为追求。人在交往实践中不仅改造客观世界，也在不断改造自己的主观世界。因而，交往从一开始就是目的与手段的统一。

三　交往是规范与自由相统一的活动

交往过程中会形成调整交往活动主体之间关系以及社会关系的规则体系，这些规则体系通过改变人的活动范围来改变人的活动，进而实现自由的活动。

（一）规范是交往的保障

人类的交往活动并不是杂乱无章的，不仅受到客观规律的制约，也要受各种行为规范的约束。交往规范是形成于交往活动过程之中，用以调节交往活动主体之间关系的规则体系。这些规则体系产生于人类社会生产实践和生活实践，是人类交往活动的结果，同时，"人类交往活动的过程及其结果，但它一经形成，就又直接地决定着人类交往活动的类型与结果，进而影响着人类个体在需要上的满足程度和满足方式"①。因而，交往活动的顺利开展离不开交往规范的保障。交往规范不仅可以调节人与人之间的交往关系，缓解交往过程中的利益冲突和矛盾，同时也为减少日常生活的不确定性提供了制度框架。

---

① 晏辉：《交往 规范 转型——论人类交往活动的内在逻辑及其意义》，《郑州大学学报》（哲学社会科学版）1997 年第 4 期。

交往的规范由一定的经济基础和社会制度所决定，所以，在不同的历史阶段，交往规范的形式也不尽相同。在原始社会，人们的交往行为一般是无意识的，并没有依据特定的规则，也较少受到某些特定的强制性约束。确切来说，交往很少依赖外部的力量来维持，多数情况是以雄性男子的权威和氏族内部的习俗来支配人与人之间的交往。到了传统社会，随着生产力和生产关系的发展进步，传统习俗对交往施加的影响逐渐减弱，但又不像现代社会那样受到法治的强制力约束，道德观念和道德规范是农业文明时期影响人际交往的主要力量。奴隶社会强调奴隶对奴隶主的绝对服从；封建社会强调宗法观念和"君君、臣臣、父父、子子"的等级关系。正式制度与非正式制度并存，但是在某种意义上，非正式制度的约束要比正式制度的约束更强烈。因为，奴隶主阶级和地主阶级掌握着生产资料，他们也就掌握了交往规范的制定权。看似合乎常理的道德伦理，实际上对奴隶阶级和农民阶级进行着思想统治。

在现代社会中，调节交往行为的主要规范是契约。契约论基于的一个基本前提假设是：人与人之间的交往并非是公平的、合理的。人们为了满足自己生存的需要，不可避免地会产生矛盾和冲突。为了保存自己、避免不必要的伤害，确保社会活动稳定有序，人们订立了社会契约。当这一理念真正成为现代社会秩序的准绳之后，人们发现，按照一定的规则、制度、章程、准则进行交往是交往活动的可靠保障，也是整个社会正常有序运行的必要前提。因为契约规定了主体的权利和义务，也就规定了应该做什么和不应该做什么的界限，在此基础上形成了交往的规则。体育竞赛要有体育竞赛的规则，游戏要有游戏的规则，市场交易要有市场交易的规则，国际交往要有国际交往的规则。不论是生产、交换、分配、消费等经济活动，还是国家的政治和法治，都是在相应的制度、规则、法则框架下来运行，没有制度、规则、法则的保障，就没有交往活动的有序进行。

无论是道德规范还是法律规范，以及在这个基础上形成的对规范的普遍认同和自觉遵从，都是社会成员形成共识的表现，目的都在于将交往活动限制在一定的范围内，形成交往规范调节下的自律行为。

（二）自由是交往的追求

自由是人类社会亘古不变的追求。古往今来，无数哲人都对自由作出了各种探讨与阐释，形成了色彩斑斓、形式各异、内容丰富的自由思想画卷。马克思恩格斯着眼于人类社会发展规律，在充分继承前人关于自由思想的基础上，对自由作出了更全面更深刻的理解。在他们看来，自由是对必然的认识和客观世界的改造，整个人类社会的发展过程是由必然王国向自由王国飞跃的过程。马克思主义自由观告诉我们，自由是人们能够完全支配和占有自己活动的一种自觉、自主状态，只有在彻底摆脱外在力量束缚、控制和奴役的基础上才能实现。这种自由状态正是马克思恩格斯所描述的"共产主义"，是他们关于市民社会建构的最高价值诉求。从他们的交往思想来看，其中蕴含着如下重要理论。

由交往异化走向交往自由是人类社会发展的必然过程。交往异化是人类在无法完全认识客观世界发展的规律以及不能完全自主地改造客观世界的情况下，表现出来的受交往关系控制、奴役和支配的不自由状态。交往异化存在于现代社会之中，特别是存在于由资本逻辑占据主导地位的现代资本主义社会之中。交往自由是人类在完全认识客观世界发展规律以及可以完全自主地改造客观世界的情况下，表现出来的一种能够完全占有、支配和利用交往关系来从事自由活动和实现自由发展的自由状态。整个人类社会的发展进程，就是一个从交往异化不断走向交往自由的过程，也是一个人类不断实现对交往关系的占有、支配和利用的过程。

交往自由存在于未来的共产主义社会之中。交往自由是交往的本真状态，也是对交往异化的否定和超越，是人类社会发展的必然结果。现代资本主义社会是交往异化表现最为突出的社会形式，但也是为人类彻底实现交往自由创造条件和奠定基础的社会形式，在这种社会形式下，"才形成普遍的社会物质变换、全面的关系、多方面的需要以及全面的能力的体系"[①]。现代资本主义社会必然会进入更高级别的新社会，"代替那存在着阶级和阶级对

---

① 《马克思恩格斯文集》第 8 卷，人民出版社，2009，第 52 页。

立的资产阶级旧社会的，将是这样一个联合体，在那里，每个人的自由发展是一切人的自由发展的条件"①。这个新社会就是共产主义社会，也被称为"自由人联合体"。从资产阶级社会过渡到未来的共产主义社会，也意味着人类由交往异化过渡到交往自由。因此，交往自由将存在于未来的共产主义社会之中。其一，交往自由必须在"真正的共同体"中才能实现。在阶级社会中，只有属于"统治阶级的个人"才能享有真正的自由，这样的共同体只是"冒充的共同体"。只有在"真正的共同体"中，个人才能获得"全面发展其才能的手段"，只有在这种共同体中"才可能有个人自由"②。"冒充的共同体"是指人类的阶级社会，"真正的共同体"就是指消灭一切阶级之后进入的无阶级的社会即"自由人联合体"。言外之意，只有在"自由人联合体"中，人们才能全面占有自己的社会关系、交往关系，才能真正实现交往的自由。其二，交往自由是实现自由发展的基础。人类在离群索居、孤立无助的环境中是难以实现发展的，只有借助一定的条件并在一定的共同体中才能实现自身的发展。这个共同体正是构筑在人与人相互协作、相互交往的基础之上。迄今为止的共同体都是"冒充的"或"虚幻的"共同体，只是为少数人即统治阶级实现自由发展提供条件和基础的，而大多数人即被统治阶级则是为少数人实现自由发展创造条件和奠定基础的，他们自己则是畸形发展、单向度发展。只要有阶级存在，人与人之间就不是平等的关系，人与人更不可能是平等的交往主体。因此，共产主义运动是为绝大多数人谋利益的运动，共产主义社会是一个无阶级且人人自由平等的社会。在这样的社会中，人与人之间的交往是平等的、自由的，其根本目是实现每个人的自由全面发展。因此，只有在共产主义社会中，人与人之间的交往才是自由的，才能为实现每个人的自由全面发展提供基础。

总的来说，只有在共产主义社会，人们才能全面地占有自己的社会关系、交往关系，才能发挥自己各方面的能力，才能彰显"自由个性"。到那

---

① 《马克思恩格斯文集》第 2 卷，人民出版社，2009，第 53 页。
② 《马克思恩格斯文集》第 1 卷，人民出版社，2009，第 571 页。

时，人们的交往关系将不受异己力量的支配，完全成为人的自觉的、有意识的社会关系；人的交往活动也将不受异己力量的控制，真正成为人的自由自觉的活动。人们在自由、全面的社会关系中获得自由、全面发展的能力，逐渐成为充满自由且富有个性的人。质言之，实现人的交往自由，才能使人成为有自由个性的人。因此，从人类社会发展的客观规律和总体趋势来看，实现人的自由即成为"有自由个性的个人"是交往的最高追求。

（三）规范与自由的对立统一

自由就其本质来说是与规范相对立的。但是规范与自由又是相统一的，规范为自由划定边界，自由为规范提供方向。任何一种社会活动，都不能以规范的强制约束为代价而剥夺自由，也不能以对自由的过分追求为代价而越过边界。成功的社会活动一定是以一定的规范为保障和以一定的自由为追求相结合的有机统一，正所谓在规范中求得自由、在自由中恪守规范。

交往规范是客观规律或客观必然性对交往主体的制约，以符合社会发展趋势的规律、规则来保证交往活动的顺畅进行，这是合规律性的体现；交往自由是对交往异化的否定和超越，是人的自由全面发展的充分体现和价值追求，这是合目的性的体现。所以，说到底，规范与自由的关系是必然与自由的关系。限制交往活动，其实是为了保证交往的自由，交往规范对人的交往活动的限制，只能以保证人自由的交往以及他人追求自由的同等权利为限度。规范通往自由的唯一出路是，交往规范不但能够正确反映交往活动的客观必然性，还能够以一种自觉自愿的状态而非强制性的状态来实现对人的交往行为的调控、约束、指导。规范反映了交往主体的共同价值取向和对共同关注问题的基本追求，如果一种交往规范对交往活动的限制损害到人的自由交往，那么，这种规范就是不合理的规范，是对交往自由的侵犯。所谓规范体系要求程序和规则的合理性、正当性，反对任何压制对话的行为，摒弃任何使表达诉求受阻的行为，使人从受阻滞的交往规范中解脱出来，自由地、平等地参与交往活动。

第三节　交往异化的理论溯源

虽然在马克思那里，"交往异化"不是作为一个独立的概念提出的，马克思也没有专门论述这一思想的篇章，但实际上马克思在多部著作中，如《1844年经济学哲学手稿》（简称《第一手稿》）、《詹姆斯·穆勒〈政治经济学原理〉一书摘要》（简称《穆勒评注》）、《1857—1858年经济学手稿》等中均谈到交往异化问题，非常明确地阐述了交往异化观点，例如如果说《第一手稿》从异化劳动说起并引出了交往异化问题，那么《穆勒评注》重点论述的就是交往异化，而《1857—1858年经济学手稿》以人的发展为主轴将交往异化置于社会形态变迁之中，赋予其更加科学的定位和准确的理解。在这些丰富而饱含哲理的思想中，我们可以发现，交往异化理论一直是马克思哲学理论体系中不可或缺的一条主线，既受到交往理论和异化理论的影响，反过来又成为这两个理论十分重要的组成部分。交往异化理论不仅仅是马克思青年时期的思想，更是他一以贯之的思想主轴。这不仅可以在我们所提到的多部作品中得到证实，也可以在马克思对现代性问题的批判中得到回应。异化和交往异化都是马克思用以对资本主义社会进行批判的主要理论，是对西方现代性问题进行反思和批判的理论武器。

一　马克思的异化理论

"异化"在马克思哲学理论中是一个十分重要的概念，并且他把德国古典哲学富有神秘色彩的异化概念运用到具有现实意义的人的生产劳动中，将异化逻辑思维运用到国民经济学中，明确揭示出资本主义生产条件下劳动者的生存状况。如果说国民经济学尚徘徊于资本主义经济现象的层面，那么，马克思则已经深入到资本主义社会的本质，探寻到资本主义的历史发展规律，用本质和规律性的东西去阐释露在外表的事实，这一揭示路径更为彻底也更加深刻。马克思认为，在当代社会条件下，人的一切产物都具有异化的倾向。在《1844年经济学哲学手稿》中，马克思从"当前的国民经济的事实"出发，考察了工人的异化劳动，指出了异化的四重规定。

第一，人同自己的劳动产品相异化。工人通过自己的劳动生产出产品，产品本应该归工人所有，但是在资本主义社会中却呈现出相反的情况：工人生产的产品与他们自己相分离，即工人生产的产品不仅不归他们所有，反而生产的产品越多，他们所拥有的东西就越少。劳动产品变成与工人相对立、相疏离、异己的力量。"劳动所生产的对象，即劳动的产品，作为一种异己的存在物，作为不依赖于生产者的力量，同劳动相对立。劳动的产品是固定在某个对象中的、物化的劳动，这就是劳动的对象化。"①

第二，人同自己的劳动活动相异化。异化还体现在工人的劳动生产活动中。在资本主义社会，工人的劳动生产完全是为了维持生计而被迫进行的，并不是自发的自由的活动，因此，"他在自己的劳动中不是肯定自己，而是否定自己，不是感到幸福，而是感到不幸，不是自由地发挥自己的体力和智力，而是使自己的肉体受折磨、精神遭摧残"②。

第三，人同自己的类本质相异化。受费尔巴哈人本主义影响，马克思认为人的最高本质是自由的有意识的劳动，这是区别于其他动物的特殊本质和能力，也称人的"类能力"。但是异化劳动使人的类本质变成相对于人的异己的本质，人不再是有意识有目的的存在物，人的活动也不再是自由的自主的活动。

第四，人同人相异化。人与人的异化是前三种异化形式的直接结果。"人同自己的劳动产品、自己的生命活动、自己的类本质相异化的直接结果就是人同人相异化。"③ 实际上，人的类本质异化也是通过人与人的异化表现出来的。因为，当人同自己相对立的时候，他与他人也处于对立状态。"人的异化，一般地说，人对自身的任何关系，只有通过人对他人的关系才得到实现和表现。""人的类本质同人相异化这一命题，说的是一个人同他人相异化，以及他们中

---

① 《马克思恩格斯文集》第 1 卷，人民出版社，2009，第 156~157 页。
② 《马克思恩格斯文集》第 1 卷，人民出版社，2009，第 159 页。
③ 《马克思恩格斯文集》第 1 卷，人民出版社，2009，第 163 页。

的每个人都同人的本质相异化。"①

马克思从私有制出发揭示了异化劳动的成因，不仅如此，还从人与劳动产品的异化、人与劳动本身的异化、人与自己的类本质异化关系中揭示了人与人的异化关系。马克思指出，"我们的出发点是国民经济事实即工人及其生产的异化……我们只是分析了一个国民经济事实……现在让我们看一看，应该怎样在现实中去说明和表述异化的、外化的劳动这一概念"②。劳动产品的异化是客观的经济事实，劳动活动的异化是在这个基础上延伸出来的。前两个规定推出人的类本质的异化，异化劳动使人的自由和自主的活动成为异己的力量，人的类生活沦为仅仅维持肉体生存的手段，所以人的类本质也发生异化。"人具有的关于自己的类的意识，由于异化而改变，以致类生活对他来说竟成了手段。"③第四种异化是前三种异化的直接结果，换句话说，异化劳动是交往异化的直接原因。对此，可以从三个方面来看：人与劳动产品相异化，因为劳动者自己生产出来的产品却不归劳动者自身所有，劳动产品成为异己的力量；人与劳动活动相异化，因为劳动者的劳动不归劳动者自己支配，劳动成为异己的力量；人与人的类本质相异化，因为人在劳动中不能充分体现自己的本质。总之，这前三重规定本质上都不是产品、劳动本身作为异己的力量反对人，而是劳动者的劳动产品和劳动本身被他人所占有，导致劳动者不能按照应有的方式生活。"通过异化劳动，人不仅生产出他对作为异己的、敌对的力量的生产对象和生产行为的关系，而且还生产出他人对他的生产和他的产品的关系，以及他对这些他人的关系。"④在马克思看来，资本家与工人之间的关系就是一种非正常的社会关系，也是交往异化的最直接表现形式。资本家与工人之间的交往使得原本属于人与人之间的交换关系发生了根本性扭曲。异化劳动生产出资本家与工人的对立，资本家成为统治工人的异己的力量，而工人的劳动成为受资本家支配、控制、压迫的活动，

---

① 《马克思恩格斯文集》第 1 卷，人民出版社，2009，第 164 页。
② 《马克思恩格斯文集》第 1 卷，人民出版社，2009，第 164 页。
③ 《马克思恩格斯文集》第 1 卷，人民出版社，2009，第 163 页。
④ 《马克思恩格斯文集》第 1 卷，人民出版社，2009，第 165 页。

工人本身沦为资本家赚取剩余价值的手段和工具。因此，人与物的关系的症结在于人与人的关系，劳动异化的落脚点还是在人与人异化的问题上。

马克思在《1844 年经济学哲学手稿》关于异化劳动的第四重规定中触及了交往异化问题，并得出交往异化是异化劳动的直接结果的结论。看似"浅尝辄止"，事实上马克思已经将批判的落脚点置于交往范畴之上，把人与人的交往异化同人的劳动生产过程紧密结合在一起。但是，对于交往异化的内涵、结构、原因等问题，马克思并没有给予充分的解答。在那时，马克思对人与人关系的理解聚焦于资本家与雇佣工人关系上，资本家与工人之间是一种不对等的隶属关系，这也是交往异化最突出的表现形式。但对于"人同人相异化"的逻辑结构而言这一点是无法适用的，这一遗憾在《穆勒评注》里得到了相当程度的展开，并且马克思把孤立的主客体之间的异化结构发展为至少是两个对等的私有者之间的异化结构。

二　从劳动异化到交往异化

（一）赫斯的探索

与马克思基本处于同时代的德国社会主义之父莫泽斯·赫斯（Moses Hess，1812~1875）在其论著《论货币的本质》《共产主义信条》中提过交往异化。赫斯以生命的交换活动为例，引出社会的交换活动。如同空气是人的生命中介一样，交往是社会的生命中介。人离开空气无法生存，社会离开交往也无法生存。"人与人的交往越发达，他们的生产力也就越强大。在这种交往还狭小的时候，他们的生产力也就低下。个体离开了其生命中介，离开了其个体力量的交换，就不能生存。人与人的交往决不是从人的本质中产生的，这种交往就是人的现实的本质，而且它既是人的理论本质，人的现实的生命意识，又是人的实践本质，人的现实的生命活动。"① 交往对社会生产力和社会交往均具有重要的作用，不仅如此，赫斯还明确提出，交往就是人

① 〔德〕莫泽斯·赫斯：《论货币的本质》，载中央编译局国际共运史研究室编《国际共运史研究资料》第 7 辑，人民出版社，1981，第 180~181 页。

的本质。与费尔巴哈所揭示的上帝是人的类本质的异化思路一样，赫斯认为，货币恰恰是人的现实类本质的抽象存在，这就是所谓的交往异化。在资本主义社会中，货币消解了一切直接的、真实的交往，因而货币成为异化的产物，"货币是彼此异化的人、外化的人的产物"①。在资本主义社会中，货币是现实化的基督教的本质，它消解了一切直接的、真实的交往，并创造了一个"颠倒的世界"。这里，赫斯通过社会交往异化既揭示了货币的本质，又揭示了社会的全面异化现象，推动了人们对交往异化问题的全面关注。

然而，赫斯关于交往异化的观点存在很大的局限性。一是，对货币作绝对性、否定性理解，不作辩证性理解。他认为货币是凝结成为死的文字的、扼杀生命的交往手段，提出要废除货币这种非人的、外在的、死的交往手段。马克思在《1857—1858年经济学手稿》中专门就废除货币这一观点进行了批判，交换价值是货币存在的先决条件，只要存在产品交换就必然存在货币。所以，"货币同特殊商品的并存所引起的混乱和矛盾，是不可能通过改变货币的形式而消除的……只要交换价值仍然是产品的社会形式，废除货币本身也是不可能的"②。可见，马克思对货币进行的是辩证性理解。二是，赫斯认为非经济因素在社会历史发展中占据主导地位，忽视了经济因素的决定性作用。这一点正是马克思超越赫斯并最终创立唯物史观的关键所在。三是，赫斯在社会主义道路探索上遭遇"理论夭折"。卢卡奇曾评价赫斯说，"赫斯本人是一个彻底失败的马克思的先行者"，这是因为，"同在共产主义转变的马克思和赫斯，在他们思想形成的最后一个环节，即如何面对黑格尔时，两个人走向了完全不同的道路：赫斯否定了黑格尔辩证法，回到了费希特和费尔巴哈；而马克思则批判地吸收黑格尔的辩证法，前进到了黑格尔与国民经济的结合"。③ 总而言之，赫斯虽然在社会交往和异化活动的认识领域迈出了大胆的一步，但由于视野的局限性，创立唯物史观和深度剖析交往异

① 〔德〕莫泽斯·赫斯：《论货币的本质》，载中央编译局国际共运史研究室编《国际共运史研究资料》第7辑，人民出版社，1981，第188页。
② 《马克思恩格斯文集》第8卷，人民出版社，2009，第43页。
③ 韩立新：《〈巴黎手稿〉研究》，北京师范大学出版社，2014，第101页。

化问题的历史重任还是由马克思来完成的。

（二）马克思的飞跃

《穆勒评注》是马克思在其哲学世界观形成时期所写的一本重要著作。学术界对这本著作的写作时间和地位存在较大的分歧，大致有两种看法。一种是以韩立新为代表的"重《穆勒评注》派"，认为《巴黎手稿》的写作是按照《第一手稿》→《穆勒评注》→《第二手稿》→《第三手稿》的顺序进行的；《穆勒评注》是大部分已经遗失了的《第二手稿》的底稿，因此也是整部《手稿》的核心。[1] 另外一种是以张一兵为代表的"重《手稿》派"，认为《巴黎手稿》并非按传统的第一、第二、第三手稿顺序完成，而应结合《穆勒评注》重新梳理逻辑脉络，他主张的解读顺序为：《穆勒评注》→ 第一手稿 → 第二手稿 → 第三手稿，且认为"交往异化"的理论视野更广阔。[2] 二者的分歧无非在于孰前孰后、孰高孰低。笔者认为，在无法考证文献真实情况的前提下，讨论的关注点应更多放在文献之间的差异性、互补性上，思考重点应放在文献对马克思学说体系所作的贡献以及对现代社会现实问题的指导意义上。

交往异化的根本原因是私有财产的出现。私有财产的出现使得人们想获得对方手中的产品就必须交换，将自己手中的私有产品交出去。恩格斯指出："因为私有制把每一个人隔离在他自己的粗陋的孤立状态中，又因为每个人和他周围的人有同样的利益，所以土地占有者敌视土地占有者，资本家敌视资本家，工人敌视工人。"[3] 资本主义市场经济下的竞争原则产生新的隔绝。"在以资本主义私有制为基础的商品经济条件下，异化的交往意味着个体与社会、私人生活和公共生活的尖锐对立和矛盾。换言之，社会关系越丰富，社会整体的能力越全面，那么构成社会关系的个体就越残缺不全。"[4] 私

---

① 韩立新：《〈穆勒评注〉中的交往异化：马克思的转折点》，《现代哲学》2007 年第 5 期。

② 张一兵：《回到马克思——经济学语境中的哲学话语》，江苏人民出版社，2021，第 180~200 页。

③ 《马克思恩格斯文集》第 1 卷，人民出版社，2009，第 72 页。

④ 王晓东：《日常交往与非日常交往》，人民出版社，2005，第 181 页。

有财产的扬弃不只是对物质财产的普遍占有，而且是人的自我异化的扬弃，是人对自身本质力量的全面占有，是人的类本质的复归。因为人的交往实践是一种总体性的实践活动，所以人的交往关系也应当是一种总体性的交往关系。只要生产、交换和消费仍然是以私有制为基础，人的交往就必然无法摆脱异化的命运。马克思指出，共产主义是对私有财产的积极扬弃，"人和自然界之间、人和人之间的矛盾的真正解决，是存在和本质、对象化和自我确证、自由和必然、个体和类之间的斗争的真正解决。它是历史之谜的解答，而且知道自己就是这种解答"①。在这里，马克思看到了人的劳动和交往成为异己的力量，揭示出了劳动异化和交往异化的现象，从而对人类理想的共同体指明了方向。

马克思不仅以理论形式表达了对交往异化的担忧，他本人也深有体会。为了生计，马克思不得不拼命为报社写稿子，然而写自己不愿意写的东西使马克思很厌倦，但是出于无奈，因为需要拿到现金维持生活。因而他认为，为报纸和读者所做的工作是一回事，纯粹的科学工作又是另外一回事。马克思陷入了深深的焦虑：现代社会人们创造了普遍交往的物质条件，但这种条件却使人们无法实现真正的交往，人的交往还处于一种被迫受动的境地。

马克思的异化理论不是为了批判而批判。马克思在对社会现实经过长期认真地思考之后深刻认识到，人在交往过程中的受动和奴役状态源于人在交往实践和社会发展过程中所创造的一种现实的统治力量，所以，异化理论的最终目的在于超越异化、扬弃异化、克服异化。在《1857—1858 年经济学手稿》中，马克思以社会物质生产方式和社会交往形式的基本状况为依据，提出了社会形态的基本划分，也就是三大社会形态理论。马克思指出："人的依赖关系（起初完全是自然发生的），是最初的社会形式，在这种形式下，人的生产能力只是在狭小的范围内和孤立的地点上发展着。以物的依赖性为基础的人的独立性，是第二大形式，在这种形式下，才形成普遍的社会物质变换、全面的关系、多方面的需要以及全面的能力的体系。建立在个人全面

---

① 《马克思恩格斯文集》第 1 卷，人民出版社，2009，第 185~186 页。

发展和他们共同的、社会的生产能力成为从属于他们的社会财富这一基础上的自由个性，是第三个阶段。第二个阶段为第三个阶段创造条件。"① 在这里，马克思为考察人类交往的历史发展提供了崭新的视角。

第一个阶段是交往的人的依赖形态。这一形态存在于资本主义社会以前的全部发展阶段。人的依赖关系完全是自然发生的，是自然而然的行为。人的交往局限在十分狭窄的范围，个人在交往中不是作为独立的、自由的个人，而是依附于他人结成共同体，作为具有某种社会规定性的个人而相互交往。

第二个阶段是交往的物的依赖形态。这一形态发生在资本主义的商品社会。在商品面前人们摆脱了各种人身依附关系，第一次实现了普遍的交往，形成了全面的联系和全面的能力。但是，"以物的依赖性为基础的人的独立性"又造成主体间关系上的尖锐对立，人与人之间既普遍联系又普遍孤立，交往走向异化。

第三个阶段是交往的人的自由全面发展形态。这一形态是马克思恩格斯根据资本主义社会中交往的物的依赖形态的发展趋势，所设想的关于交往的理想形态。到那时，不存在阶级压迫的不平等交往，人的自由个性和才能得到充分发挥，人们能够有意识地开展自由的交往活动，不自觉的交往将让位于自觉的交往。交往不仅是人的一种真实需要，还会成为人的自我实现与自我享受。人的社会本质在此得到充分的体现。

从这里可以看出，异化的产生、存在、发展、扬弃都是人类自身与社会发展的必然过程。人的交往从人的依赖形态到物的依赖形态，最终到人的自由全面发展形态是历史发展的必然趋势。只有充分认识这一趋势的客观必然性，才能通过对异化的克服和超越实现人的自由全面发展，才能最终实现自由的、平等的交往。

三　交往异化是异化理论的重要组成

异化劳动是马克思异化理论的核心，正因为如此，很多学者至今仍然把

---

① 《马克思恩格斯文集》第8卷，人民出版社，2009，第52页。

马克思的异化理论归结为异化理论。但是，劳动创造一切却不占有一切。马克思的异化劳动理论并不是其丰富的异化理论体系的全部，其他异化形式尤其是交往异化也占据着相当重要的地位。如果说《第一手稿》重点论述的是异化劳动，那么《穆勒评注》则直接触及了资本主义早期的交往异化问题。我们认为《第一手稿》论及的异化劳动与《穆勒评注》论及的交往异化都是马克思异化理论中不可或缺的部分。并且，主体与主体意义上的交往异化，不仅丰富和完善了马克思的异化理论，而且还将这一理论引向具体化和深化。

其一，劳动异化发展到一定阶段必然导致交往异化。劳动是人对自然界的能动关系，通过劳动，人类不仅创造了劳动产品，还创造出了人自身、人的各种社会关系。异化劳动剥夺了人的生产对象，也就意味着剥夺了人所固有的真正的人的生活。人同他的劳动产品、劳动行为、同人的生命活动以及同人的类本质相异化的结果必然是人同人相异化。用马克思的话来说，"当人同自身相对立的时候，他也同他人相对立。凡是适用于人对自己的劳动、对自己的劳动产品和对自身的关系的东西，也都适用于人对他人、对他人的劳动和劳动对象的关系"[①]。《穆勒评注》所说的异化的主体是从事生产的私有者，当人与人的关系变为私有者与私有者之间的关系时，交往异化随即发生。

其二，交往异化是对劳动异化的补充和完善。不可否认，资本主义早期的异化问题肇始于异化劳动，劳动是创造一切的起点，但是，"晚期资本主义真正的异化病症不是劳动异化，而是交往异化，交往出了问题"[②]。马克思本人也意识到异化劳动的缺陷，并尝试引入交往异化，他说，"人同自身以及同自然界的任何自我异化，都表现在他使自身、使自然界跟另一些与他不同的人所发生的关系上"[③]。自我异化只有通过对他人的实践的、现实的关系才能表现出来。一般意义上的劳动异化可以理解为主体与客体关系的异化，

---

① 《马克思恩格斯文集》第1卷，人民出版社，2009，第163~164页。

② 陈潮光主编《马克思主义理论与实践》，人民出版社，2009，第187页。

③ 《马克思恩格斯文集》第1卷，人民出版社，2009，第165页。

这里，主体活动的主动者、承担者变为受动者、承受者，工人原本自由自主的劳动变为被动胁迫的活动。而交往异化则是指主体与主体关系的异化，主体与主体的关系变成了物的关系或金钱关系。因此，从这个意义上说，交往异化理论在主体与客体异化的基础上揭示了主体与主体关系上的规定性，使得马克思的异化理论更加丰富和全面。

其三，交往异化理论是异化理论的重大跃升。《第一手稿》中马克思关于异化的前三重规定实际上是以孤立个体为依据的自我异化理论，因为无论是人与劳动产品之间还是人同劳动活动之间、同类本质之间的异化，都只有一个"主体"，体现着孤立主体的自我运动，体现着主体与客体的二分逻辑，其实是继承了费尔巴哈的人的自我异化的逻辑结构。这种异化结构是由一维走向双维甚至更多维度的重要环节，也是马克思构建唯物史观必不可少的前提。但是，人与人的异化过程不简单等同于自我异化，它包含了主体与客体、主体与主体之间的复杂关系，并且，自我异化只有通过反映社会关系的交往异化才能够体现。从劳动异化到交往异化的理论跃升，预示着马克思从孤立个体的自我异化逻辑走向主体与主体构成的社会关系逻辑的重大转变。日本学者望月清司认为，由孤立的人的逻辑到互为补充的人的逻辑的跃升是《穆勒评注》来实现的，借助货币这一中介，才实现了"从孤立的人的逻辑向以相互补充的人为逻辑的社会理解的飞跃"[①]。除此之外，《穆勒评注》开始从社会关系视角研究并揭示人的本质，并将社会概念恰当引入，这就大大丰富了原本抽象化、概念化的异化理论，实现了理论的重大飞跃。

虽然马克思关于异化理论的探讨肇始于资本主义工业文明早期资本家对雇佣工人严酷剥削和压榨，但是，异化理论的价值绝不止步于此。换句话说，人的创造物作为异己的力量来控制并支配人的现象并没有终止，反而愈演愈烈。现代社会个人生存危机和人类社会问题使我们不得不重新审视马克思异化理论的重大价值和深刻启示。人创造出来的东西，如产品、观念、制度、人的关系

---

①　王玉珏、刘怀玉：《从"异化劳动"到"社会交往"——试析望月清司对〈1844 年经济学哲学手稿〉的解读》，《吉林大学社会科学学报》2012 年第 3 期。

等，转变为一种与人相异化的力量，这种力量不仅与人的意志相对立，违背了人的目的，而且成为支配和控制人的力量。"如果人对自己的劳动产品的关系、对对象化劳动的关系，就是对一个异己的、敌对的、强有力的、不依赖于他的对象的关系，那么他对这一对象所以发生这种关系就在于有另一个异己的、敌对的、强有力的、不依赖于他的人是这一对象的主宰。"① 所以，说到底，马克思的异化理论始终是围绕人与人之间的关系展开。

在马克思恩格斯看来，过去的共同体都是虚假的共同体，他们提出"自由人联合体"的构想，指出共产主义社会乃是人类真正的共同体形式。因为，在阶级社会中，被统治阶级始终受到统治阶级、剥削阶级的严重压榨，没有人的自由发展。资本主义社会所谓的自由只是少数人利用权力获得的自由，并不是所有人的真正自由。而在共产主义社会，消灭了资本主义私有制，人们的社会交往关系将不受异己力量的控制和支配，完全成为人们自觉的、有意识的社会关系。所以，这种共同体是真正的个人的联合，为人的自由全面发展提供了保障。

共产主义并不是超脱于现实的彼岸世界，它身处一定历史阶段并依靠一定力量推翻异化的世界来实现。而这个力量正是来源于世界交往的普遍发展，因为只有在普遍交往的条件下，私有制和分工才能够消除。"私有制和分工的消灭同时也就是个人在现代生产力和世界交往所建立的基础上的联合。"② 也就是说，交往的普遍发展，一个必然结果是社会发展进入世界历史阶段。尤其当取消生产资料私有制、取消社会分工，人们之间的物质生产关系将不再存在阶级对立，生产关系将进一步融合为真正的交往关系。普遍的交往是地域性的个人转变为世界历史性的、普遍的个人的推动力量，只有推动生产力普遍发展和交往的普遍发展，作为世界历史性的共产主义才有可能实现。可见，"世界交往的普遍发展"是共产主义实现的前提条件。

总而言之，马克思关于交往异化的理论不是形而上的学理性理论，如同

---

① 《马克思恩格斯文集》第 1 卷，人民出版社，2009，第 165 页。
② 《马克思恩格斯全集》第 3 卷，人民出版社，1960，第 516 页。

他的其他社会理论一样，对社会现象、现实问题具有强大的批判力和解释力。我们把马克思交往异化理论归结为"作判断"和"找方法"，即一方面，对人与人之间的交往的负面问题作出病理性诊断；另一方面，根据诊断详情找到解决交往问题的合适的治疗方法。从这个意义上看，马克思关于交往异化的理论是站在现代性的视角下，对现代化进程中人的现实生存困境的批判与分析，不仅有着强大的理论张力，而且还有着强烈的现实针对性。

第二章　交往异化的表现形式

现代交往处于现代性的张力与矛盾之中，所以在现代性背景下人的交往异化问题愈加凸显和深化。启蒙所承诺的华美誓言并未实现，主体性的高扬也带来了主体性的异化，人的关系被物的关系所取代。主体之间缺乏理性和信任，人与人之间的关系降格为主客体关系，由此人陷入严重的异化和生存困境中。在这种交往形式下，人的发展表现为以物的依赖性为基础的"人的独立性"。现代性危机体现在诸多方面，但在人与人之间的关系上，最深层的异化就是交往的异化。20世纪30年代以后，生产力的迅速发展和科学技术的进步为交往的扩展创造了有利的条件。然而，随着现代性的深入，人的异化在现代社会人与人的交往关系上表现得日益凸显，人们陷入普遍的交往异化之中，交往异化问题已经成为现代社会人与人之间的"病理特征"。在这个病态的现实关系中，劳动成了获取金钱的手段，一切皆为物质利益所驱使。主体之间正常的、本真的交往被金钱化、官僚化、庸俗化等扭曲的形式所代替。

第一节　交往主体的异化

我们前面提到，"交往主体"这一表述针对的是交往活动中必然有一方是交往的主要发起者和施动者来说的，而并不是针对作为对交往过程的主观认定和对交往结果的评价来说的。交往是主体与主体相统一的活动。但是，在现代社会，作为交往主体的人的特殊规定性在不断下降，而人的客体性质却更加显现出来，这就是交往主体的异化。交往主体的异化集中体现为交往主体客体化的过程，在这一过程中，作为交往主体的人无法以自由、平等、自主、全面发展的主体而存在，而是被迫以一种客体的形式而存在，主体与主体之间的关系降格为主体与客体之间的关系，或物与物的关系，主客体关系发生颠倒，交往走向异化。交往主体的手段化、片面化、抽象化、冷漠化是交往主体客体化的四种基本表现形式。

一 交往主体的手段化

所谓交往主体的手段化是指这样一种现象，"交往的一方在理论上和实践上不是将与之交往的另一方视作与自己相同的平等、自由、自主的主体，而是视作客体、物、抽象的实体，视作实现自己的某种目的、满足自己的某种需要和欲求，或完成某种超人的或神圣的事业的手段"①。人在交往实践中本应是目的，但是却沦为工具、手段，人与人之间相互利用、相互倾轧，人与人平等自由的关系荡然无存。人从交往中的主体地位降格到工具性、手段性的地位，成为交往中的"他者"或"它者"。马丁·布伯在《我与你》一书中生动地描绘出这一景象："'我—你'关系是一种亲密无间、相互对等、彼此信赖、开放自在的关系。'我—他'关系是一种考察探究、单方占有、利用榨取的关系。在'我—你'关系中，双方都是主体，来往是双向的，'我'亦取亦予。在'我—他'关系中，'我'为主体，'他'为客体，只有单向的由主到客，由我到物（包括被视为物的人）。"②"我—你"和"我—他"是截然不同的关系结构，而形成这两种关系结构的症结在于交往双方是否互为主体。显然，在"我—他"关系中，"他"被视为孤立的客体，被视为一种可以利用、榨取的物，交往主体手段化。

在前现代社会，交往主体的手段化主要表现为奴隶主与奴隶、统治者与

---

① 孙占奎等：《交往与异化——关于现代交往的负面研究》，《哲学研究》1994 年第 5 期。
② 〔德〕马丁·布伯：《我与你》，陈维纲译，生活·读书·新知三联书店，2002，第 125 页。

被统治者、压迫者与被压迫者、剥削者与被剥削者的关系，后者是前者用以奴役、统治、压迫、剥削的工具和手段。到了现代社会，交往主体的手段化虽然不像前现代社会那样占据社会关系的主要地位，却以另外一种形式，即商品化与市场化之下的利益竞争形式呈现出来。弗洛姆尖锐地指出，异化存在于现代社会的任何角落，人与工作、人与消费品、人与国家、人与人、人与自己的关系中都存在着异化。其中，人与人的交往异化是他重点阐述的一种异化形式。他把现代社会人与人的关系描述成抽象体与抽象体关系、互相利用关系、机器与机器关系、商品关系。"雇主利用他雇佣的人，商人利用他的顾客。每个人对其他每个人来说都是一件商品，总是受到某种友好的对待，因为，即使他现在没有用处，以后或许用得着。"[1] 雇主与雇工、商人与顾客，人与人之间都变成了商品关系，相互利用、"待价而沽"，彼此之间没有爱与相互理解，更体会不到真正的自我，人与人相分离。

弗洛姆关于人的交往异化的描述，显然是受到马克思的异化理论和商品拜物教思想的影响。弗洛姆认为，人与人不仅在经济上，而且在社会关系上都存在着明显的异化特征。两性交往就是一个很好的说明。恋爱的交往关系由利己主义原则来主导，男女双方之间的感情不是建立在相互欣赏与共同爱好的基础上，而是以两个人之间的互利交换为前提，首先要考虑的是"可以从对方那里得到什么"。例如，相亲广场上明确张贴着相亲者的相貌、学历、收入、房屋、车辆等信息，相亲者仿佛变成了明码标价的商品，而这些相貌、学历、收入、房屋、车辆等也成了其与交往对象交换的"筹码"。利用这些"筹码"无非是想要找到与之相匹配甚至价值更高的对象，希望换取较高的社会地位。异化了的相亲式交往显然已经失去了爱情的真正含义，失去了交往双方之间心灵的共鸣与扶持，演变为一种利益的联结和交换。诚如弗洛姆所说："两性间的两极关系降到了最低点，代之而起的是一种友好的伙伴关系，一个小联盟。"[2]

---

① 〔美〕艾里希·弗洛姆：《健全的社会》，孙恺祥译，上海译文出版社，2011，第113页。
② 〔美〕艾里希·弗洛姆：《健全的社会》，孙恺祥译，上海译文出版社，2011，第113页。

二　交往主体的片面化

交往主体的片面化，也可以理解为交往主体的角色化，就是在交往活动中，人们不是作为自由的、全面发展的人以及"总体的人"来进行交往，而是作为片面的、被动的人进行交往，甚至固定于某种角色，用角色取代了特定主体的意义和价值。"人与人之间的交往只剩下抽象的金钱交往、物质交往或片面的两性间的本能交往，而失去主体间交往所应包含的总体性的、丰富的内涵，失去了交往对人的生存的价值与意义。"[①] 交往主体的片面化或角色化实际上使人成了依赖型的人，破坏人的完整性，阻碍人自身的个性发展。

在现实交往中，角色成了影响人们交往态度和交往行为的直接因素和重要参照，并且这种角色的效应在不断扩大。"人与自己在特定分工体系或社会结构中所承担的职位或所扮演的角色完全认同或完全合一，而失去了自我作为特定主体的本质规定性。"[②] 交往主体的角色化可以分为"自我角色化"与"被角色化"两种情形。在"自我角色化"过程中，人们在主观认知上强化自己作为某一角色的社会地位、权利义务、权势头衔，并且以这种角色意识和角色认知主导自己的交往行为；而在"被角色化"过程中，人们按照交往对象的职位高低、知识多少、背景深浅等进行交往活动，而忽视其作为特定主体的规定性。"自我角色化"与"被角色化"的双重发展轨迹致使社会上的每个人都被贴上了"标签"，人与人之间的交往成为"角色"与"角色"之间的交往。

在虚拟空间中，人们可以根据自己的期望或预想，去设定角色、扮演角色、重塑角色。所谓虚拟交往，就是依托网络虚拟平台形成的交往形态。从1946 年第一台计算机的问世，到 21 世纪的今天，信息技术已经渗透到社会生产和社会生活的各个角落。网络世界的一个显著特征就是虚拟性。在虚拟条件下，交往主体可以不受传统自然条件的限制，交往的主体性大大增强、自由空间大大增多。赛博空间为现代社会人们的商业交流、信息获取、文化

---

① 孙占奎等：《交往与异化——关于现代交往的负面研究》，《哲学研究》1994 年第 5 期。
② 孙占奎等：《交往与异化——关于现代交往的负面研究》，《哲学研究》1994 年第 5 期。

传播、科学普及、政治参与等活动提供了更为广阔的空间和平台。通过互联网，人们可以随时随地和任何人进行交流，时间、空间都不是交往的障碍。

由于网络空间是虚拟的，所以理性的主体身份是被隐藏的，没有人知道你真实的身份，如地位、阶层、性别、学历、职业，等等，人们在虚拟空间可能塑造出一个与真实自我完全不同的"虚拟的我"。虚拟空间中交往主体不仅可以"去角色化"还可以"虚构角色"。所谓"去角色化"，是指个体在虚拟空间中有意识地剥离现实生活中的身份标识与角色规训，以去标识化的方式进行情绪疏解与压力释放，摆脱现实社会关系的结构性束缚。这种基于匿名性的交往机制不仅为个体提供了情感宣泄场域，更通过符号身份的再建构，促使潜意识层面的心理活动转化为可被理性规约的表达形态。所谓"虚构角色"，就是人们在虚拟空间里可以虚构一个全新的角色。这种"去角色化"和"虚构角色"使得网络交往主体可以自由选择角色，可以随意切换角色，也可以任意放弃角色。因而，在虚拟空间中人们会经常看到这种人际交往的现象：两个素昧平生的人相互吐露真言，无所不说、无所不谈，但是一进入现实生活就变成了"装在套子里的人"，彼此沉默。人们长期生活在现实与虚拟这两个并行的空间中，并在这两个空间经常转换身份和角色，一旦转换失控或受挫，容易产生心理错位、行为混乱、情绪失控等问题，"由于人们沉溺于数字化的环境，脱离'在场'的社会关系太久，将自己视为纯粹意义的'符号'……步入纯粹的数字化过程，从而使自己成为片面的人"[①]。这是交往主体的片面化发展导致的严重后果。

三　交往主体的抽象化

交往主体的抽象化，也是交往主体的原子化、数字化，是指现代工业的自动化和技术理性的膨胀把人置于这样一种境地，即现代社会的技术操作趋于标准化、程式化、规定化，人在其中丧失了基本的情感，一切思想和行为都围绕精确的数字或计算，人成为维系机器运转的"零部件"。正如弗洛姆

---

① 李伦：《鼠标下的德性》，江西人民出版社，2002，第222页。

所说，如今我们遇到的是这样的人："行动和感觉如同机器人一般，从未有过真正属于自己的经验，完全把自己当成他认为自己应该是的那个人；他用做作的微笑代替了真正的笑声，用无聊的饶舌代替了坦诚无隐的交谈，用迟钝的失望取代了真正的悲恸。"[1] 人的真实情感被遮蔽，现实体验被消解，千篇一律、机械化的表情取代了真实的情感和丰富的个性。

进入文明社会以来，人类似乎就没有停止追求计算精确性的脚步，并且，社会愈是向前发展，这种需求和欲望就愈是强烈。16 世纪以来，随着实验科学的兴起和发展，人类开启了全面追求计算精确性的征程，开普勒、哥白尼、伽利略、笛卡尔等近代科学家研究的天文、物理、数学等学科逐步建立起来。显然，人类追求计算精确性的"冲动"是以近代自然科学为基础的。现代生活的各个角落都普遍呈现出不同程度的理性化特征。比如，交往时间成本的计算可以允许的偏差越来越小，古代书信交往，数月能有回复就可以接受；现代移动通信交往，10 秒没有回复可能都会令人急躁。

同时，个人感觉不到自我是世界的中心或行动的创造者，反而感觉自己是一个外人或是变得与自己疏远起来。弗洛姆认为，人本应当是爱和理性的生命体，但是现代人完全感受不到这一点。用他的话说，"人不再感到他是自己的力量和丰富品质的主动拥有者，他感到自己是一个贫乏的'物'，依赖于自身之外的力量，他把他的生存状况投射到这些外在于他的力量上"[2]。在资本主义经济体系中，人与自己、与所从事的工作、与他消费的东西相疏离，还与他人相疏离。这是资本主义对人格的影响。人用双手创造出一个前所未有的人造世界，作为创造者的人并没有感觉到自己是胜者、是中心，反而沦为机器的奴仆。例如，在商人面前，所有的顾客、股东、工人都只不过是一架庞大机器中的小零件，每个人都被视为抽象实体和数字，并按照经济活动的目的来"核算"，"人释放出的力量越大，人越感到，作为一个人，他是多么无能为力"[3]。现代技术的发展不断促进社会生产效率的提高，不断

---

① 〔美〕艾里希·弗洛姆：《健全的社会》，孙恺祥译，上海译文出版社，2011，第 12 页。
② 〔美〕艾里希·弗洛姆：《健全的社会》，孙恺祥译，上海译文出版社，2011，第 100 页。
③ 〔美〕艾里希·弗洛姆：《健全的社会》，孙恺祥译，上海译文出版社，2011，第 101 页。

压缩生产成本，人们交流的效率也在不断提升，实现交流的成本也越来越低。与一百年前相比，我们的平均工作时间缩短了一半左右，然而，带来的结果又是怎样呢？我们获得了更多的休闲时间，但是，任何技术的发明与创造在提高效率、降低成本的同时，也影响着人们对"正常"交往效率和成本的价值判断。不断追求更高效的交流，使人们更加重视交往要达成什么目标，而忽视了那些看起来低效的传统方式，也容易忽视交往中十分重要的相互尊重与情感传递。正如弗洛姆所揭示的，"过去的危险是人成了奴隶，将来的危险是人会成为机器人"①。

四　交往主体的冷漠化

交往主体的冷漠化蕴含在交往主体的手段化、片面化、抽象化等问题中，又以新的方式将这些问题更加集中地表现出来。现代社会，温情的人际关系正逐渐被疏离与冷漠所侵蚀，社会交往行为异化为原子化的个体互动，深度对话被即时信息碎片取代，沉默的屏幕逐渐筑起数字技术的冰冷屏障，原本紧密的社会纽带被割裂成零散的碎片。现代社会，冷漠已经由非正常的个体心理状况和行为逐渐演化为一种非个体的社会心态。正如弗洛姆所说："在我们这个时代的人与人之间的关系中找不到多少爱和恨；更多的是一种表面上的友好，以及一种更为表面的公平。在这种表面现象之后是距离与冷漠，以及许多微妙的不信任。"② 交往主体的冷漠化主要表现为以下三种形式。

一是情感的冷漠。在现代社会，人与人的物理距离虽然很近，但是心理距离却很远，"近在咫尺，却远在天涯"。夫妻之间、亲人之间、朋友之间本应当是最亲密最熟悉的关系，但是人们的内心情感却并没有因为经济的繁荣和技术的进步而升华，反而趋于冷漠、淡薄、麻木。例如，一家人坐在一起有时一言不发，每个人都手持一部手机，虽围坐在一起心却在各方，缺乏真实的情感沟通和精神交流。邻里间的关系更是如此。《中国社会心态研究报

---

① 〔美〕艾里希·弗洛姆：《健全的社会》，孙恺祥译，上海译文出版社，2011，第309页。
② 〔美〕艾里希·弗洛姆：《健全的社会》，孙恺祥译，上海译文出版社，2011，第113页。

告（2021）》显示，超过50%的城市居民表示与邻居"几乎没有交往"，其中一线城市居民的邻里互动频率显著低于中小城市。① 门就像屏障，遮住了一家的喜怒哀乐美丑，人们不愿与别人分享快乐与哀愁。在这种情形下，人们对他人的判断常常是"不理解""难读懂""最熟悉的陌生人"，而自己内心却时常感到荒芜、失落和彷徨。

二是道德的冷漠。情感的冷漠在道德行为中扩展和延伸的结果便是道德的冷漠。鲍曼指出，道德的冷漠是"我们被错过的感觉，不知道怎样行动、期待什么和因而导致的对约会的不情愿"②。人们对发生在周围的人和事漠不关心、视而不见、置之不理。对摔倒在路上的老人"扶不扶"，对街上乞讨的人"帮不帮"，对受灾遇难的地区和群众"捐不捐"等一系列需要社会道德行为予以回应的现象，一些人要么产生怀疑、打上问号，要么以一种"事不关己高高挂起"的态度，有意地去逃避、排斥。阿伦特将这样的行为称为"平庸之恶"，"其特点是不作思考、不作判断、盲目从众，由此给社会和他人造成的恶，甚至连自己都茫然不知"③。

三是政治的冷漠。人的冷漠不仅会影响到道德行为等社会生活，还会影响到政治生活，如不参与政治生活，不愿意表达利益诉求，这即为政治冷漠。当资本逻辑渗透进公共领域，公民政治参与呈现显著的功利化与疏离化特征。公民政治效能感普遍弱化，形成颇具悖论性的社会景观：青年群体虽具有天然的政治敏锐性，其文化实践却更多投射于娱乐消费场域，对流行文化符号的追逐远胜于对公共事务的参与热情；产业工人与农民在维护经济权益方面展现出高度关切，但对政务的关注度却呈现边际递减态势。这种"理性冷漠"折射出深层的参与困境，当个体生存策略与公共领域产生断裂时，亚里士多德笔下的"人是天然的政治动物"就会蜕变为鲍曼所描述的"液态现代性中的旁观者"。

---

① 参见王俊秀主编《中国社会心态研究报告（2021）》，社会科学文献出版社，2021。
② 〔英〕齐格蒙特·鲍曼：《后现代伦理学》，张成岗译，江苏人民出版社，2003，第176页。
③ 陈伟宏：《论道德冷漠及其化解路径》，《哲学动态》2017年第11期。

第二节　交往手段的异化

人的发展史上，为了交往便利，作为交往主体的人创造出许许多多的媒介或载体，例如语言、文字、实物资料、货币、符号、交通工具，等等。交往手段的异化，一方面体现为交往手段成为与主体相对立的异己的力量，以物的联系建立起人的相互联系，人要受制于物的支配和控制。在这个人—物—人的链条之中，人原本是交往的主体，却受到物的控制和操纵，使"物"发展成为一种异己的力量。另一方面体现在交往手段与交往目的的颠倒。交往手段上升为目的，甚至成为最高目的或唯一目的，僭越了人的主体地位，其他要素都成为从属于它的工具。总之，人在交往中被物否定、受到物的控制，这也是交往异化的突出表现。

一　"媒介依赖"的交往

现代社会中，手机、E-mail 等通信工具以及 QQ、微信、微博等新媒体平台不仅成为人们日常生活中不可缺少的交流与沟通工具，还深刻地影响并改变着人们的生活方式特别是交往方式。的确如此，媒介是交往的重要组成部分，人们的交往离不开媒介的沟通和桥梁作用。然而，媒介凭借其掌握的社会信息资源优势，获得了凌驾于个体之上的垄断地位，反过来成为制约人、压抑人、控制人的存在，成为人在交往过程中的严重依赖对象。"媒介依赖"最早是由美国传播学家桑德拉·鲍尔-洛基奇（Sandra Ball-Rokeach）和梅尔文·德弗勒（M. L. DeFleur）于 1976 年提出的。他们认为，当一种媒介形式在社会确立并广泛流行后，人与媒介之间就会产生一种双向依赖关系，在这种双向依赖关系中，受众对媒介的依赖程度比媒介对受众的依赖程度大，这就导致媒介在社会生活中扮演起越来越重要的角色，媒介对个人的影响力和控制力也越来越大。[①]

---

① Sandra Ball-Rokeach, M. L. DeFleur, "A Dependency Model of Mass-media Effects", *Communication Research*, 1976 (3): 21.

　　媒介渗透到现代社会的每一个角落。网购使我们可以通过网络购买衣服、购买书籍、购买一切生活用品，无须与销售人员直接接触；人们刷码乘坐公交车，无须与售票员直接接触；用电子实时转账代替跑去银行，无须与银行人员打交道。这些技术支撑下的智能化、自助化的服务方式显然促进了个人的选择自由，提升了信息流动的效率，降低了交流和交换的成本，但是也减少了人们直接接触的机会。过去人和人打交道，现在变成了人和机器打交道；人们通过技术的进步提升媒介为人服务的能力和水平，但是人与人直接的交往却被机器所阻隔，人和人的距离变得更远，交往失去了真实的面貌。"所有中介物都只是某种工具性媒介，它们无法像面对面交往那样，通过对方的表情、语调、姿势、服装、佩饰等非语言符号来辨别交往双方内心真实的情绪体验与情感状态。"①

　　媒介作为一种工具性存在，已经成为人们日常生活的一种依赖，它不仅占据着人们日常生活的物理空间，还统治着人的精神高地。人们每天的绝大部分时间在与各种传播媒介接触，大众传媒主导着现代人生活的面貌、方式和节奏，从购物、休闲娱乐到教育、选举、工作等社会活动，人们越来越多地依赖媒介开展。主体间面对面的直接交往越来越少，间接的、借助一定媒介形式的交往越来越普遍。人们通过媒介不仅实现了获取信息的目标，还满足了休闲娱乐、人际交往的需求，当然，因此也患上了严重的"媒介依赖症"，人们失去了媒介仿佛就失去了与外界的一切联系，作为客体的媒介不但成为压制主体的存在，还成为压制主体与主体之间关系的存在。

　　现代社会的高度分工和信息资讯的瞬息万变，使得人们借助一定的媒介获取信息、开展社交成为一种必然选择。比如，我们可以通过微博、朋友圈的动态去了解一个人的生活、工作、爱好。媒介已经成为人们日常生活的必需品。但是，缺少了面对面的交流，体验不到对方的真实情绪或真实情感，人们亲手创造出千姿百态的媒介，却日益被媒介所操控、束缚、绑架。而且，媒介越发达，人们就越依赖媒介生存，人们的真实交往状况越弱化，人

----

　　①　赵瑞华：《媒介化生存与人的异化》，《新闻记者》2010年第2期。

的内心就越孤独，也越来越背离自己的本性。

二 "金钱至上"的交往

资本主义社会中的商品交换是以交换价值为基础的，以交换价值为主要媒介，意味着每个人的劳动只有转变为交换价值才能进行比较，才能交换，这样导致两个结果：一方面，交往的主体条件与客体条件被割裂开来，被无情地抛向流通市场，置于货币资本的控制之下；另一方面，交换价值被无节制地抬升，最终交换价值成功地统治了一切。因此，"活动和产品的普遍交换已成为每一单个人的生存条件，这种普遍交换，他们的相互联系，表现为对他们本身来说是异己的、独立的东西，表现为一种物。在交换价值上，人的社会关系转化为物的社会关系；人的能力转化为物的能力"[1]。以交换价值为媒介的交往所形成的社会关系，是一种全面物化的社会关系，表现为以物的依赖关系为主导的相互依赖。

优化交往手段成为资本主义社会交往的最高目标追求。在现代社会，人们在经济交往活动中必然要依靠货币，人变得崇拜货币、屈服货币，并最终以货币为最高目的。西美尔分析了货币由手段成为目的的内在原因。"货币作为手段的价值是通过作为手段的价值的提升而提升的，并且一直提升到这样一个界限上：在此界限上，它作为一种绝对价值发挥效力，并且货币中所包含的目的意识也告完结。"[2] 由此，货币成为一种绝对的、至高无上的手段，甚至是人心理上的绝对目的、绝对动机。当金钱成为人的绝对目的和绝对动机时，一切事物都被金钱所统治。人原本是创造货币和使用货币的主人，现在却反过来成为货币的奴隶和附庸。即使在传统家庭关系中，温情脉脉的面纱也被揭开，人与人之间只剩下赤裸裸的利益关系和纯粹的金钱关系。所以，人们坚信拥有金钱等于拥有了一切，"凡是我作为人所不能做到的，也就是我个人的一切本质力量所不能做到的，我凭借货币都能做到"[3]。

---

[1] 《马克思恩格斯文集》第 8 卷，人民出版社，2009，第 51 页。
[2] 〔德〕西美尔：《货币哲学》，陈戎女、耿开君、文聘元译，华夏出版社，2007，第 162 页。
[3] 《马克思恩格斯文集》第 1 卷，人民出版社，2009，第 246 页。

在西方社会，流行这样一句口号，"金钱就是母乳"，金钱被视为无所不能，金钱可以买来爱情，金钱可以换来亲情，金钱还可以带来友情。西方国家的选举是一场"富人的游戏"和"钱袋的民主"，竞选活动拼的就是金钱。人与物的关系被颠倒，人成为金钱的奴隶和囚徒。法国著名的批判现实主义作家莫泊桑的小说《我的叔叔于勒》，讲述了早年的于勒因为"挥霍掉不少钱"成为穷光蛋，全家都与他断绝往来，视之为"恐怖者"，他还因此被打发到美洲去冒险，但是当于勒发了大财之后，家人态度随即转变，亲切地称呼他为全家的"福音书""救星"。小说通过极富讽刺性的前后"两个于勒"的鲜明对比，深刻揭示了资本主义社会金钱至上的交往观，正所谓"有钱千里盼相会，无钱亲人当仇人"。

当金钱成为至高无上的目的时，人们为了获得金钱可以不择手段。在经济领域，一些企业经营者片面追求经济利益而采取违法手段，如各类食品安全事件频繁发生；在政治领域，一些政府官员凭借手中的权力，大搞"权钱交易"，贪污腐败、官商勾结等行为屡见不鲜；在社会领域，"傍大款""碰瓷"等行为也经常出现；在文化领域，常有庸俗文化招摇过市。这些现象都是人的交往行为被金钱所"绑架"的充分体现。

三　"权力本位"的交往

权力是封建社会的"遗孀"。在封建社会中，权力高于一切，权力主导着社会的经济领域、政治领域、文化领域，支配着个人生活和社会生活。但是，到了现代社会，市场经济条件下的普遍竞争为主体间实现自由平等提供了平台，商品交换关系彻底否定了人与人之间的等级关系，实现了人与人之间的平等独立，彰显了人的能力。然而，为什么权力依赖、权力本位的现象还依然存在呢？事实上，权力本位只是以一种新的形式出场，在非交换的公共领域，交往的异化现象十分普遍，尤其是资本、知识、技术和权力的联姻，进一步扩大了权力的范围，强化了权力的功能。

公共领域追求权力至上，不仅有来自宏观层面的权力体系对社会的全面压迫和统辖，也有来自微观层面的权力体系对个人和社会的监视、评判、规训。在福柯看来，交往关系和权力关系相互交织、相互作用，公共话语成为压制非主流话语、个体话语的权力意志。哈贝马斯看到了资本主义国家权力机制对民主的侵蚀和破坏，认为交往行动中缺少每个人自由平等地参与，那种少数服从多数的对话形式不具有合法性。他对权力干预下的公共领域表示担忧，认为利益专门化、选举压力等问题都是以工具理性为特征的系统对以交往理性为基础的生活世界的入侵，即"生活世界的殖民化"。在他看来，现代社会以货币和权力为媒介的体系（经济体系和政治体系），以其强大的扩张力、渗透力日趋膨胀，已经蔓延到本来自由独立的以语言为媒介的生活世界，造成生活世界的非理性化和异化。换句话说，生活世界被商品化、资本化、权力化，生活世界的范围或空间日益萎缩，人的交往活动的自主性、独立性受到严重干扰。

"权力本位"的交往异化形式，表现为在交往关系中蔑视能力，重视权力，凌驾于个人和社会之上，对交往关系进行全面的控制，不合理地追求利益，也滋生贪污腐败、以权谋私等现象。"服务行政的模式用服务意识取代权力意志。对社会而言，它改变了凌驾于社会之上，作为社会主宰的角色，用新的权力服务功能定位来代替原有的权力控制的强制性。在这里，权力仅仅是公共行政服务于社会的必要手段，而不是作为社会的异化物而存在；是各种社会力量、不同社会阶层和社会集团、相互冲突着的利益追求之间的整合力量，而不是压迫整个社会的力量。"①

第三节　交往规范的异化

交往规范是指人们在交往实践活动中所遵循的行为标准或准则。从交往的本质来看，交往是为了更好保障人的生存与发展。交往规范的本质就是要求人们按照一定的交往行为标准或准则来促进自身实现更好的生存与发展。就人类社会发展的历史进程来看，交往规范总是由各个时代在经济和思想上

---

① 张康之：《论公共领域中的能力本位》，《甘肃行政学院学报》2000 年第 3 期。

占统治地位的阶级或阶层所制定，他们为了实现一定的利益目的，按照特定的意志和观念制定交往标准或交往准则，使其为特定利益而服务，这就是交往规范的异化。总体来看，交往规范的异化主要表现在以下方面。

一　交往规范的官僚化

官僚制，也称科层制，它不仅是现代社会一种普遍的组织形式和管理方式，还是现代社会人与人关系的体制化、制度化形式。为了不断获取利润以及保证利润的可计算性，现代官僚体系在全社会范围内各个领域构筑起严密、有序的层级结构。政府部门、商业组织、志愿组织等各种组织形式，只要有任务存在，都存在科层制，科层制已经成为现代性的缩影和现代社会的制度规定。马克斯·韦伯对科层制的普遍化趋势和基本特征作了详细的论述。按照韦伯的理解，现代官僚体系依赖五个基本条件：一是对一套法律原则或一套抽象的法律规则的合法性接纳，二是职责之间等级制的工作分工，三是严格的明确的书面形式的职责，四是以强制的方式服从，五是公共生活与私人生活的完全分离。同传统社会粗放的、经验的管理相比，现代官僚制所体现的科学化、精确化、理性化、高效率的管理模式的确能帮助人们更快更好地完成目标。但是，这样的结构之下各层级之间是一种施动者与回应者的关系，层级间不仅缺少人际互动行为，人的创造性、积极性受到严重压抑，同时也存在着一定的不平等关系。官僚制以一种理性的、秩序化的安排将一切行为社会化，而这种社会化的过程正是通过权力来实现的。"官僚体制化是把默契的'共同体行为'转变为作出理性安排的'社会行为'的特殊手段，因此，作为统治关系的'社会化'的工具，对于拥有官僚体制机构的人来说，它过去是、现在仍然是头等的权力手段。"①

平等是交往的前提。平等交往就是交往双方不仅要互相承认对方的主体资格，还要在交往中实现平等的对话。交往规范的官僚化，意味着交往的规则、制度、规约都向着官僚制的趋势发展，以理性主义实现非人格性的控

① 〔德〕马克斯·韦伯：《经济与社会》（下），林荣远译，商务印书馆，1997，第309页。

制，交往的公平性、平等性大大受损。交往各主体不是对等的关系，存在着等级差别和地位尊卑。如果一方是主体，另一方是客体，那么双方就不能实现平等的交换与交流，一方对另一方加以支配和控制。

当标准秩序被理性化地、有系统地、精确地执行时，一切个人对秩序的批评都被无条件地搁置，所有参与者唯一的职责便是服从命令。客观上，层级壁垒会使得信息传递层层受阻；主观上，交往活动中命令、要求、指示式语言代替了协商、商量、交流式语言，形式化、刻板化的交往方式取代了生动化、形象化的交往方式。"官僚们把被管理的人们当成物，对他们既不爱也不恨，完全没有什么个人的感情；就其职业活动而言，经理—官僚不必带有什么感情；他必须把人当成数字或物来加以操作。"[1] 在官僚式的治理体系中，日常的交往并非一对一的关系，而是一对多或者多对一的关系，交往的进程也不是顺畅的，而是受阻的、压制的，权力的运行、政策的执行等过程对大多数人来讲是模糊不清的，这样，交往的真实性、平等性就会被烦冗的结构所遮蔽。波兰哲学家亚当·沙夫就指出，国家及其社会作用就是影响人与人关系的一种异化力量。在他看来，国家是一个行政管理机器，也是一种管理事务的制度。在现代社会，官僚机构对人的控制不仅是一种现实，而且是一种必然。官僚化、异化的交往规范往往忽视社会大众的需求和呼声，经济权力与政治权力和其他社会权力的结合与渗透，势必演变为一种顽固性的力量，阻碍民主的发展空间。[2]

二　交往规范的依附性

迄今为止的人类交往，大致说来都是为了实现一定的利益目的，而交往规范总是依附于一定的外在力量而存在。在任何制度规范中，如果一个人受到另一个人的支配或者全体社会成员中一部分人受到另一部分人的支配，那么这种制度规范就具有强烈的依附性。这种依附性来源于交往主体的一方相

---

① 〔德〕艾里希·弗洛姆：《健全的社会》，孙恺祥译，上海译文出版社，2011，第102页。
② 参见〔波〕亚当·沙夫《作为社会现象的异化》，黑龙江大学出版社，2015，第17~21、133~157页。

对于另一方具有优势地位，一个人把另一个人看成比自己优越的人。在传统封建社会，女性依附于男性、子女依附于父亲，形成了封建色彩浓重的父权社会。在现代社会，依附性的交往并没有彻底消失，而是以一种新的面貌存在。在资本支配和主导一切的现代社会，人类交往规范依附于资本。具体来说，在资本权力的操纵和控制下，人类交往规范深深地打上了资本的烙印，依附于资本的力量并为其实现增殖而服务。在现代社会，开展对外贸易、建立世界市场、从事殖民战争等一切交往活动都是建立在资本逐利的本性基础上。为此，资产阶级"不辞劳苦"地奔走于世界各地，所到之处必将全面开发、建立广泛的联系。可以说，现代社会的人类交往不过是资本对外扩张的过程。在资本的对外扩张过程中，人们根据自己的利益要求建立各种准则、原则、制度、规则等规范，并使这一切规范都从属于资本增殖的目的。

交往规范存在于现代社会的一切活动之中，并受经济权力所支配和控制。在以资本权力为主导力量的现代社会，经济利益是交往的直接目的，交往规范直接服务于经济利益。"由于统治变成了一个无偏见的管理制度，指导着超我发展的形象也就变得非人格化了……随着生产设施的合理化及其功能的多样化，所有的统治都采取了管理的形式。而在这种统治发展到登峰造极的时候，集中的经济力量把人完全吞没了。任何人，即使身居高位的人，面对这种设施本身的运动和规律，都显得软弱无力。"[1] 各种交往规范虽然是由人制定的，但并没有为人服务，也没有为人所控制、支配和驾驭，而是为经济利益服务，制定交往规范的人在其面前丧失了主体性。现代社会的交往活动中存在着多种形式的交往主体。在同一类交往活动中，在交往主体中间还存在着交往中介。交往中介就是在交往主体之间构建起的包括信息、渠道、制度等在内的中间环节，以便交往活动顺利展开。但交往中介也是为了一定的经济利益而存在，其与各交往主体形成的各种规范都是依附于一定的经济利益而存在。交往中介随着市场经济的快速发展而不断获得发展，目前

---

[1]　〔美〕赫伯特·马尔库塞：《爱欲与文明》，黄勇、薛民译，上海译文出版社，1987，第69～70页。

社会上已经形成种类繁多、规模庞大的中介组织。这些中介组织占据着社会中丰富的信息、制度、人脉等资源，已经成为现代经济社会中非常重要的经济力量。它们凭借自身掌握的丰富的信息、制度、人脉等资源，按照它们的利益诉求制定一系列规则、标准，进而操纵社会经济，从而使交往成本不断增加，交往主体利益不断受损。现代社会政治、文化等方面的交往规范同样受经济权力所支配，并依附于相应的经济利益，为相应的经济利益服务。人们所制定的各种政治法律文化制度都不过是为相应的经济利益服务的手段而已，人在这些手段面前显得苍白无力。

在现代社会，中介或中介组织已经成为资本快速实现增殖的重要途径，是各经济交往主体实现自身利益目的的重要依赖力量。不可否认，现代社会中介组织的成长和庞大规模，就规约现代社会经济行为而言，好处是显而易见的，中介组织极大地增加信息量，方便信息的收集和汇总，为交往活动提供了重要的保障。例如，金融中介、信贷中介、婚姻中介、房产中介、家政中介等，更好地规范了作为主体的交往双方的经济行为，促使交往活动朝着有利于公平、有序、健康的方向发展，同时也带动了中介产业的繁荣与发展。但是中介组织无限制地扩张却是人与人之间直接交往的一把锋利的剑，在人与人之间树立起一堵厚厚的"墙"。随着中介泛化、中介强势等一系列问题的出现，交往成本不断提升，利益受损问题接连不断。以房屋买卖为例，基于买房主体和卖房主体的自由的经济交换活动，包括定价、售卖方式、付款方式等，以往都是买卖双方自主进行的，如今中介组织凭借其垄断地位，垄断市场信息、资源和机会，发布不实信息，联合炒房人、售房人哄抬房价、操纵市场，导致信息的不对称，倒逼买卖双方不得不依赖中介进行交往。

总的来说，在资本主导一切的西方社会，"资本具有独立性和个性，而活动着的个人却没有独立性和个性"[①]。交往规范也依附于资本的力量而存在，受资本力量所控制和支配，并服务于资本的增殖目的。人在自己所制定的各种交往规范中迷失了自我，丧失了主体性。

---

① 《马克思恩格斯文集》第 2 卷，人民出版社，2009，第 46 页。

三　交往规范的庸俗化

在现代社会，由于受到经济利益的驱使，交往规范出现了庸俗化的倾向。正如马克思在《资本论》中所指出的那样："资本来到世间，从头到脚，每个毛孔都滴着血和肮脏的东西。"① 商品交换领域的规则完全被嫁接到人际交往的规则中来，形成了交往潜规则，例如拉关系、走后门，以及形形色色的关系网、朋友圈。交往庸俗化破坏健康的社会关系，使纯洁朴素、真挚友好的交往关系蒙上了庸俗的色彩，交往走向庸俗化、低俗化、媚俗化。总之，在资本逐利本性的驱使下，交往规范的神圣性消失了，交往规范的正义性逐渐被打破，交往规范也变得越来越庸俗。

资本彻底消灭交往规范的神圣性。在前现代社会，交往规范是按照一定的道德、伦理、法律、教义来制定的，在内容上是神圣的，在形式上是庄严的。但是，在资本主导一切的现代社会，一切"素被尊崇的观念和见解"都被消除了，"一切神圣的东西都被亵渎了"。② 之前神圣的交往规范也变成了为资本攫取最大利润而服务的庸俗"规范"。从资本的本性来看，它不满足于在已有的空间范围内活动，必须按照自己的意志让整个世界变成资本的世界，迫使一切民族变成资产阶级的民族。于是，资本按照自己的意志从事对外扩张活动。资本在对外扩张过程中，必然消灭原先非资产阶级民族地域的古老民族的生活方式、价值观念，使这些地域民族变成资产阶级的民族，并按照资产阶级唯利是图的生活方式、价值观念来重构这些地域的生活方式、价值观念，这些地域民族交往规范的神圣性也被一步步消灭。

资本打破交往规范的正义性。交往是交往主体间的交往，理论上是使各个交往主体都能在这个过程中受惠得利。为了保证实现这一目的，交往规范就必须体现一定的公平性和正义性。但是，在资本逐利本性的驱使下，交往的直接目的就是获得最大利润，建立在这一基础上的交往规范就不具有正义

---

① 《马克思恩格斯文集》第 5 卷，人民出版社，2009，第 871 页。
② 《马克思恩格斯文集》第 2 卷，人民出版社，2009，第 34~35 页。

性，而是要体现资本增殖自身的意志，它使人和人之间除了赤裸裸的利害关系，除了冷酷无情的现金交易，就再也没有任何别的联系了，就连温情脉脉的家庭关系也变成了纯粹的金钱关系。对外殖民掠夺、肆意发动战争都不过是资本实现增殖进而彻底打破交往规范的正义性的具体表现而已。随着资本逻辑的蔓延，交往规范的正义性将被彻底打破，原本充满正义性的交往规范将变成唯利是图、庸俗、低俗的交往规范。

日常生活中的人情交往就是交往规范庸俗化的最好例证。"人情"是私域中所遵循的规范或者说是私化的规范。在日常生活中，人情交往是人们交往关系的一个显著特征，也耗费了大量的时间和精力。人情原本是人与人之间友好的感情沟通和情感交流，但是在人情浓厚的社会中，交往被添加了过多的人情色彩，主体间平等的、自愿的、自由的交往活动发生了异化。"在人情浓厚的现代日常生活世界中，正常的人情交往却大有泛化乃至异化的趋势。各种复杂的人情交往关系逐渐从人的日常交往关系中分化出来，进而成为一种束缚人、制约人、统治人的异己力量。"[1] 人们不但会去计算"人情"交往中的得失利弊，也会试图利用"人情"去为自身谋利，在普遍充斥"人情"的社会环境下，人与人之间的交往功利化、目的化，脱离了人们原初最真实、纯真的情感。同时，人们被各种人情关系网络所缠绕、羁绊，即使内心想逃离这种复杂的社会关系，事实上却无法摆脱人情法则对交往行为的规制。例如，婚丧嫁娶中的随礼制度，本属于一种传递祝福的仪式性交往，实质上已异化为确保关系平衡的"契约"行为。人们遵循着"礼尚往来"的精确计量原则，通过账簿式的收支平衡实现"互不相欠"的关系清算，这种精密计算消解了人际交往的真诚内核。这种交往规范与普通的交换行为有所不同，不仅有物与物的关系，还夹杂着人与人之间的情感关系。但是，一旦这种人情的规范被打破，人与人之间的情感就会变弱。

---

① 杨威、陈红：《论人情交往的异化及其消解》，《哈尔滨学院学报》2002 年第 3 期。

第三章　交往异化的负面效应

人是社会存在物。社会是在人的交往活动基础上产生并发展起来的，换句话说，正是人与人的交往才构成了社会。"社会不是由个人构成，而是表示这些个人彼此发生的那些联系和关系的总和。"① 每个人既是具体的个体，同时又是社会不可分割的一部分。个体、群体、类之间处于一种相互依存、相互联系、相互作用的关系当中。交往异化所带来的负面效应是不可估量的，在个体层面、群体层面和类的层面均可能造成深刻的危机。

第一节　个体层面的危机

一　人的主体性丧失

所谓人的主体性就是人作为活动主体的特有属性，包含人在现实活动中所表现出来的能动性、创造性与自主性。② 人的主体性并不是与生俱来的，而是在生产实践和生活实践中逐渐形成的。人的主体地位的确立与获得离不开交往实践，这是因为，人作为主体的历史规定是从人的交往实践中获得的，而关于整个人类的规定，也是源自人类的物质交往活动与精神交往活动的宏观整合。交往对人的主体性的塑造及其作用的发挥起着至关重要的作

① 《马克思恩格斯全集》第 30 卷，人民出版社，1995，第 221 页。
② 袁贵仁：《主体性与人的主体性》，《河北学刊》1988 年第 3 期。

用：自由平等的交往活动，相应地塑造出自由的、平等的、全面的主体；被迫的、不平等的交往活动，相应地塑造出受动的、不平等的、片面的主体。尤其是交往主体的手段化、片面化、抽象化、冷漠化使人虽身处广泛、普遍的联系之中，但只是形式上的主体，并非真正的主体。此时，人被物所支配，人体验不到自己是自身力量的主体，人的主体性被否定、被抹杀，主体意义丧失殆尽。对此，我们从以下三个方面具体阐明。

（一）片面发展的活动和能力

在商品经济社会中，以物为媒介的交往使人不再遵从自己的意识自由和精神需要，相反，人所有的活动从属于社会的经济政治活动，严格地被经济发展的需要和政治统治的需要所捆绑。人成为庞杂机器及其系统的一个环节，在这个环节中，机器需要什么，人就供给什么，人成为整个经济系统、政治系统的附庸。人心甘情愿地为庞大的机械化和系统服务，成为资本主义经济和社会运转的齿轮，自身的追求和价值丧失殆尽。特别是，当金钱由交往的手段僭越为交往的最高目的时，这意味着人的主体性被彻底否定，人们感受不到活生生的事物，也感受不到活生生的人，片面的人、片面开展的活动和片面发展的能力随之产生。所以，被迫交往使个体受到物的力量的压制而不自由、不平等、不全面，人仅仅被视为一个个数字、符号、代码，而不是独立的、掌握自己命运的主体。这种情形之下，交往不是处于一定社会历史条件下的个人的交往，人成为彻头彻尾的"畸形存在物"。

（二）丧失自我感和身份感

在异化的交往中，人被迫以一种客体的形式而存在。在这个过程中，人体验不到自己是自身力量的主体，所能体验到的是自己受他人所支配的一件东西、一件物品、一项投资。弗洛姆指出了交往异化给人的主体性带来的危害，"他备受怀疑的折磨，因为由于自己基本上是他人期望的反应，他便在某种程度上失去了自我的身份特征"①。由于人的交往的真实体验消逝了，人的自我感和身份感也丧失了。人们会感到惶恐不安，产生焦虑，所以现代社

_____

① 〔美〕艾里希·弗洛姆：《逃避自由》，刘林海译，上海译文出版社，2015，第136页。

会也称为"焦虑的时代"。人不仅体验不到自我，还放弃自我，成为一个机器人，最终的结果是失去自我，与别人机械地保持一致。"为了克服丧失个性带来的恐惧，他被迫与别人趋同，通过他人连续不断地赞同和认可，寻找自己的身份特征。"① 交往不是出于主体的真实需要，而是源于外部的强加或诱导，被迫的、虚假的交往关系消灭了个人真实的自我。

（三）严重的精神错乱

精神错乱就是人感到自己完全是一个陌生人，一个内心分裂的人，自己同自己相疏远。这种状态下的人只存留自己的内心活动，失去了与世界的联系，无法体验到人或物的真实面貌，用弗洛姆的话说，"即使他没有受到有形的铁窗的监禁，也是个被困在无形的牢狱中的囚犯"②。人的精神不健全正是由于人与人交往的需要没有得到有效满足。弗洛姆甚至直言："精神错乱的人是一个彻头彻尾异化了的人；他彻底失去了作为他自己经验中心的他自己，他失掉了自我的意识。"③ 异化的交往中，原有的交往过程转变成了交往目的，人与人的交往不再是为了个体、群体的生存和发展，而是简单地转变为追求生存和发展所需的部分要素。这种需要超出了现实生活的限度，成为一种精神性需要。人看不清他人，也看不清自己，认识不到人在社会历史发展中的主体地位，找不到人作为历史发展主体的意义与价值。在这种异化中，人就失去了对生活意义的正确理解，人的行为目的与本质需要背道而驰。交往不再是人主观能动性的体现，而仅仅表现为对群体意识的盲从。交往从生存和发展的需要，异化成为生存和发展的一切。人在这种异化的交往中，为了交往而交往，不问意义、不问价值，人的主观能动性和自我意识被彻底抹杀。

二　人性的扭曲

现代社会中的交往异化困境使得人们与自己的劳动对象相分离，被迫把自己当作商品来出售。人似乎成为经济利益格局中物化的存在物。

---

① 〔美〕艾里希·弗洛姆：《逃避自由》，刘林海译，上海译文出版社，2015，第136页。
② 〔美〕艾里希·弗洛姆：《健全的社会》，孙恺祥译，上海译文出版社，2011，第28页。
③ 陆梅林、程代熙编选《异化问题》（下），文化艺术出版社，1986，第47页。

第一，交往异化造成人格的扭曲。商品社会和市场经济规律主导了全部社会交往的准则。人不但售卖商品，还售卖自己的体力和人格。人被当作一种商品来衡量价值，而人的这一价值自然而然地由市场来衡量，甚至，人的存在与否和存在价值也由市场说了算。马克思尖锐指出："工业的宦官迎合他人的最下流的念头，充当他和他的需要之间的牵线人，激起他的病态的欲望，默默地盯着他的每一个弱点，然后要求对这种殷勤服务付酬金。"[①] 当人的欲望无限膨胀，其就会竭尽所能抑或想方设法获得其所想。这一点在商人和顾客的关系中可以得到更充分的说明。商人在出售商品时，并没有把具体的单个顾客看得十分重要，受到重视的是作为群体概念的顾客或者是抽象的顾客。对商人来讲，做广告宣传、提高商品质量，是为了满足抽象顾客的需求，而抽象顾客仅是一个受到严格操纵的对象或一种实现目的的手段，真正目的则是获取更多的利润。

第二，交往异化易产生极端的功利主义和个人主义。被查尔斯·泰勒视作现代性隐忧之首的就是个人主义，他认为崇尚自我实现的个人主义弥漫于现代社会，"个人主义的黑暗面是以自我为中心，这使我们的生活既平庸又狭隘，使我们的生活更缺乏意义，更缺少对他人及社会的关心"[②]。个人主义使人们唯利是图，拜金主义盛行，人与物的关系彻底颠倒，人成为金钱的奴隶和囚徒。人与人之间成了买卖关系，失去了基本的人情味道。人与人之间漠不关心是常态，只要与自己无关，就不太会表现出特别的好感。人的思想和行为完全以自己为中心，不关心他人和社会生活；日常生活中，人们漠视亲情、友情、爱情，取而代之的是至高无上的利益，择偶标准势力化、世俗化；人与人之间相互猜忌、提防、警惕、敌对，害怕被利用和被欺骗；追求个人享受、自私、不合群，把尊重自我、实现自我当作最高目的，把个人利益当作至高无上的追求，不追求共同分享和集体乐趣。

第三，交往异化造成道德的滑坡和沦丧。物的依赖关系必然导致人的全

① 《马克思恩格斯文集》第 1 卷，人民出版社，2009，第 224~225 页。
② 〔加〕查尔斯·泰勒：《现代性之隐忧》，程炼译，中央编译出版社，2001，第 5 页。

面异化。人们的彼此依存关系只是建立在物的基础上，人的世界成为物化的世界，人际关系演化成物际关系。货币经济使维系人与人之间关系的形式简单化、单一化，通过金钱便可维系任何条件下人与人的关系。道德滑坡具体表现为道德观念变异、道德评价错位、道德心态扭曲。异化的交往不仅导致爱情道德、家庭道德、职业道德、社会公德的失范，还导致贪婪、唯利是图、见利忘义等一系列社会问题，假冒伪劣商品、以次充好商品屡禁不止，网络犯罪、网络暴力愈演愈烈，官商勾结、权钱交易行为频繁出现，等等。

三　人的生存无根

人的存在不同于其他生物的存在。动物的适应能力和调节能力要远胜于人类，动物可以根据环境的变化调节自身进而适应环境。所以，在特定的环境中，充分适应了自然的动物并不比单个人弱，与人类文明相比，它们反而大都成功地生存并繁衍更长久的时间。人类虽然缺乏本能的调节能力，但是人从不会对眼前的环境袖手旁观、毫无反应，也不会消极地去适应这一切，相反，当人在群体中行动时，人改造自然的能力要远远大于适应自然的能力。这种生物学上的弱点也恰恰成为人类力量的源泉，使人类具备了区别于动物的独有特质。这种特质根植于人的社会属性之中，使人成为人。而人的这种本能力量的发挥，完全依赖交往作用的发挥，依赖通过交往黏合起来的人类社会。交往使人从最初的"种属群、部落体、群居动物"的形式中解放出来，成为一个个独立的人，而孤立个人的现实又产生了相互交往、组成共同体的需要，"人作为孤立的个人只和自己发生关系，那么使自己确立为一个孤立的个人所需要的手段，就又变成使自己普遍化和共同化的东西"①。

人是交往性的存在。交往是人的存在方式和生存方式。马克思指出："全部人类历史的第一个前提无疑是有生命的个人的存在。因此，第一个需要确认的事实就是这些个人的肉体组织以及由此产生的个人对其他自然的关系。"②

---

① 《马克思恩格斯文集》第8卷，人民出版社，2009，第147页。
② 《马克思恩格斯文集》第1卷，人民出版社，2009，第519页。

"有生命的个人的存在"是人类历史的首个前提性条件，这是因为人是一个非自足的系统，他要不断与他以外的生物交换物质、能量、信息等才能维持自身的生存。德国历史哲学家雅斯贝尔斯把交往视为哲学问题的核心命题，认为当代西方社会人际关系扭曲，已经丧失最纯真的本质。在其代表作《时代的精神状况》中，所谓的"时代"是指现在人们所处的科学技术繁盛的时代，在这个时代，高科技的飞速发展、先进手段的出现，使得人们的精神状况受到严重的冲击。平均化、机械化、大众化充斥着整个社会，个人失去独立的存在。雅斯贝尔斯认为，生存是交往的前提，交往是生存的条件，交往是存在之路。一方面，交往是人存在的意义。交往是指作为个体存在的人与他人之间的相互作用。"我只有在与别人的交往中才能存在着"，这意味着如果人不能与他人交往，那么人将失去其存在的价值和意义。所谓无交往就无存在，没有与他人的交往，就无所谓存在。另一方面，存在即与人共在。雅斯贝尔斯认为，人是交往中的人，在这种无情的、使个人不成其为个人的环境中，在与人共在方面，"如果我只是我自己，我就得荒芜"[①]。因此，交往是人的普遍条件，真正的交往就是在对话中形成人与人的共同体。

人是一个独具特色的实体，每个人都有着与他人不同的特质，所以单独的自我是独立的个体，有独自决定如何做事情的思维和能力。然而，人在情感上需要对抗孤独。法国现实主义小说家巴尔扎克说："人惧怕孤独。在所有的孤独中，精神孤独是最恐怖的。"[②] 弗洛姆直言，人不能忍受孤独，不能忍受和同胞隔绝。人的幸福度取决于他和他的同胞之间的关系。如果人缺少了与自己之外的人的联系，人就会感到孤独。

孤独就像阴霾一样笼罩着人类。根据智联招聘发布的《2023 年中国职场人群心理健康研究报告》，高达 62.3% 的职场人表示"经常或偶尔感到孤独"，其中 90 后和 00 后比例显著高于其他年龄段。在孤独成因中，"缺乏深度社交关系"（38.1%）、"独居生活状态"（25.7%）和"工作压力导致的社交

---

① 〔德〕汉斯·萨尼尔:《雅斯贝尔斯》，张继武、倪梁康译，生活·读书·新知三联书店，1988，第 160 页。

② 转引自〔美〕艾里希·弗洛姆《逃避自由》，刘林海译，上海译文出版社，2015，第 12 页。

隔离"（19.4%）位列前三。① 现代社会，作为主体的人时常感受到强烈的孤独感、封闭感、疏离感。人与人交往中精神需求的属性弱化了，物质需求的属性却在日益凸显，并把对物质的追求置于精神体验之上。在异化的交往中，人不仅丧失了与他人精神上的联系，而且找不到任何精神寄托，所以，人们的交往越多，其孤独与疏离感就越强烈。

交往在本质上是维持个体的生存和再生产所必须进行的活动，是维持个体生命活动的行为。但是，人既是作为独特的个体而存在，又是作为社会的总体而存在，个体与总体的交织构成了人存在的多样性和复杂性。海德格尔认为，存在支配着人的生存，"现代人无家可归状态的实质内涵是现代西方人处于（对）存在的遗忘之中"②。马克思指出："人是特殊的个体，并且正是人的特殊性使人成为个体，成为现实的、单个的社会存在物，同样，人也是总体，是观念的总体，是被思考和被感知的社会的自为的主体存在，正如人在现实中既作为对社会存在的直观和现实享受而存在，又作为人的生命表现的总体而存在一样。"③ 交往，尤其是本来意义上的日常交往，能够为人的生存提供必要的安全感、团结感和在家的感觉，从而能够为人们提供一个自在的、原初的、纯粹的家园。但是，在现实生活中，以物为媒介的交往打破了作为交往主体的人的自由和自觉活动，使得人与人的交往关系常常受到挑战。交往的异化会阻碍个体的生存，使得本应有安身立命之处的人时常无家可归。在强大的物的控制下，人变得孤立、孤独、无助，最终人的生存处于一种无根基、飘零的状态。以现代性为根本特性的现代社会，得到强化的是人际互动的陌生感与疏离感，受到削弱的是自我情感抒发的欢乐感与满足感，个人之间真诚的联系被社会制度的非私人关系打破，由此导致人际家园的丧失。④

---

① 《2023 年中国职场人群心理健康研究报告》，智联招聘网，https://www.zhaopin.com。
② 刘敬鲁：《现代人的无家可归——析海德格尔对现代人类历史的思考》，《中国人民大学学报》1997 年第 4 期。
③ 《马克思恩格斯文集》第 1 卷，人民出版社，2009，第 188 页。
④ 郝永平：《创新：由危机走向进步的动力》，中共中央党校出版社，2007，第 134 页。

第二节　群体层面的危机

人是社会中的人，人的活动是社会的活动。人的交往活动作为一条纽带，将个人、群体、社会联成一个整体。换句话说，有了交往活动，人们才能从原子化状态中走出来，从而组建家庭、建立社会组织，形成各种各样的社会关系。从这个意义上而言，交往是使人由原子性的存在变为社会性的存在的关键性力量，而社会就是在特定条件下从事社会生产和生活的人们的交往活动的产物。如果人的交往发生了异化，那么这种异化状态必然会影响到以人为基础的群体，影响到以交往活动为基础的社会，造成深刻的社会危机。

一　共同体的削弱

共同体，简单来说，是一个温馨、温暖、让人感觉安全和舒适的地方。现代社会是由相互分离的单个"原子"组成，这些"原子"之所以能相互联结起来，主要是基于人与人之间的交往活动。人在交往中结成共同体，交往是共同体形成和巩固的前置条件，人们之间的交往越是频繁，社会共同体意识就越是强烈。换句话说，把个人与社会联系到一起，促进个人社会化的活动形式就是交往。现代性条件下，交往的异化状态冲击着由人所组成的共同体，使得传统共同体在向现代共同体转换的过程中出现了新的危机。

第一，交往异化导致共同体的亲密性下降。人在温存的共同体中会感受到情感的交融，人与人之间如亲人般和谐亲密。现代思想家鲍曼用诗意的语言描述了共同体的这种亲密性，"在共同体中，我们能够相互依靠对方。如果我们跌倒了，其他人会帮助我们重新站立起来。没有人会取笑我们，也没有人会嘲笑我们的笨拙并幸灾乐祸"[1]。现代性境遇下，人们所面对的是一个被理性计算所统摄的社会，对利益的普遍追求使传统血缘共同体的亲密性下降。人与人之间的亲密交流变得越来越少，共同体成员间亲密和谐的家庭感

---

[1] 〔英〕齐格蒙特·鲍曼：《共同体》，欧阳景根译，江苏人民出版社，2003，第3页。

觉慢慢消失，认同感、归属感、安全感变得越来越低。要么人情世故盛行、要么人情冷漠常在，人与人的社会关系变成冷冰冰的关系：夫妻之间、邻里之间、朋友之间等一切社会关系变为冷冰冰的关系。尤其是，随着虚拟社交工具的不断完善，在长时间的浸入式体验中，人们形成了特有的适应工具性交流的方式和交往习惯，产生了对工具的依赖、对直接交往的排斥。直接的、面对面的交流能力甚至弱化，网上谈天说地，见面却沉默寡言，产生脱离了虚拟交往工具就陷入交流障碍的现象。

第二，交往异化导致共同体的稳定性弱化。传统社会共同体建立在血缘、地缘等因子之上，因而是稳定的、连续性的共同体。而现代社会共同体建立在资本主义社会"以物的依赖性"为基础的交往方式之上，随着货币、权力、资本的流动，人们的生产活动从家庭转向工厂，从乡村转向城市，从国内转向国外，源源不断的劳动力从稳定的共同体中解放出来，因而这种共同体是流动的、非连续性的共同体。这一深刻的历史过程意味着个人与社会的分离，人从作为个人的私人生活领域脱离出来，进入到作为"公民"的社会生活领域，人内心的孤独感与寂寞感油然而生。这种情形之下，个人更多的是关注成长、安危、幸福等私人问题，而对与集体有关的公共性、社会性、普遍性问题却不太关心。我们说，个人存在与社会存在的高度统一是社会稳定性的重要保障，当这种统一条件无法实现时，个人的社会情感随之减弱，共同体的稳定性也就逐渐被削弱。

第三，交往异化导致共同体的安全感减弱。人与人之间的亲密交往、兄弟手足情谊、稳固的世俗礼仪，使得个人能够从共同体当中获得一种稳定的归属感和安全感。[①] 但是，随着人们之间亲密性和稳定性关系的消逝，共同体的归属感和安全感也开始减弱。现代化在加速个人主义进程的同时，也使稳定的、稳固的、持久的人际交往关系变得越来越遥远，人与人之间的关系不仅高度讲求时效，而且高度讲求务实。交往的异化状态使人们产生了是否可以信任他人的疑虑，增加了对交往对象的防范意识，甚至人们可以更轻易

---

① 吴玉军：《共同体的式微与现代人的生存》，《浙江社会科学》2009 年第 11 期。

地放弃那些不理想的人际关系。人是社会性动物，是一种社会存在，与同胞接触相互交流是本质需要。然而，现代社会人的实际交往行为动机却与这种需要相左，与共同体成员交往的出发点不是对同胞的爱，而是更多出于私利，人与人之间因为彼此的爱而进行的交流越来越少，各有所图的交流变得越来越多，社会关系越来越受制于经济、政治、文化等非人格化因素。人们生活在共同体之中却小心谨慎、处处设防，"不敢跟陌生人说话"，共同体不仅被一个个屏障所隔离，而且危险重重。

二　社会信任危机

信任问题总是绕不开也逃不过人们的交往活动，社会信任的建立是一个长期的过程，这种信任是人们在日积月累、有一定深度的交流和交往中逐渐形成的。交往是信任的基础和前提，没有正常的交往心理和交往活动，社会信任便无从谈起。可以试想一下，一项没有信任的交往活动，将会是十分危险和可怕的活动。所以，社会信任首先是一种基于交往活动的判断和选择，相信某人的行为或某物的秩序符合自己的愿望，具体表现为对自然与社会秩序性的期待，对合作伙伴承担义务的期待，对某角色技术能力的期待。①

社会信任还是一种交往态度，是交往经验内化的心理结果和反映。交往态度是一个相对具有稳定性、连贯性的心理反应，"是主体对一定对象较一贯的、具有内在结构的、稳定的综合性的心理反应倾向，它对人们的交往活动具有指导性和动力性的影响"②。交往态度在交往活动中产生，反过来又决定交往活动的进行：当一个人以真诚的、开放的、平等的心态与人交往时，容易取得交往对象的信任与合作，对社会信任的形成与巩固起到强化作用；相反，如果一个人以虚假的、封闭的、不平等的心态与人交往，则容易造成交往的障碍，对社会信任的形成与巩固起到弱化作用。社会信任危机是指社会人际关系中产生了虚伪、不真实的问题，人与人无法相信对方，导致社会

---

①　郑也夫：《信任论》，中国广播电视出版社，2001，第19页。
②　白春阳：《现代社会信任问题研究》，博士学位论文，中国人民大学，2006。

关系出现了严重的危机。异化的交往对社会信任的建立和维系是相当不利的，极易导致社会信任危机。这主要可以从以下三个方面说明。

信任的基础之一是真诚交往。异化的交往使交往主体为了私利或者取得更多的价值，总是处于一种博弈性的相互对峙状态，表面上看起来和睦友好，但是在内心深处相互计算，这使得交往主体相互之间在建立信任关系上面临较大的难度，在培养信任关系上面临较大的风险。同时，随着商品经济与市场经济的不断深入，经济手段越来越多样化，竞争形式越来越隐蔽化，交往双方的意图也越来越难以捉摸，交往活动的真实目的常常被掩盖在交往活动的过程背后。这就无疑会增加交往成本，阻碍交往半径的延伸，加大对交往对象的判断难度，妨碍社会信任关系的建立和维护，甚至严重影响社会活动的总体效率和效益。

信任的基础之一是平等交往。商品经济的发展，最大限度地推动了以货币为媒介的交往的普遍发展。货币的出现打破了传统社会依靠血缘、地域建立起来的"人际信任"模式，取而代之的是一种人造的具有抽象意义的普遍的信任模式。"货币是一种普遍主义的信任结构"[①]，由于物的依赖形态是通过以商品、货币为表现形式的资本来操控运转的，人们在商品和货币面前实现了所谓的平等和自由，比如可以通过劳动换取想要的东西，不再受人的依赖关系的束缚。传统等级、身份关系被取缔，自由、公平、法治、竞争的市场经济原则成为现代经济的基本原则，个人可以自由选择机会，可以通过法律捍卫权利，获得了人格的独立。尤其是货币媒介的普遍使用，以占有货币的多少来掩盖物品关系本身天然存在的不平等，看似消除了因社会资源分配不公带来的矛盾和冲突。然而，以货币为媒介的物的交换所营造的只是表面的平等，其背后隐藏着深深的不平等与不自由。马克思指出："劳动同劳动相交换——这看起来是劳动者所有权的条件——是以劳动者一无所有为基础的。"[②] 这种资本与劳动交换本身就是最大的不平等。而且，货币是匿名的，

---

① 郑也夫：《信任论》，中国广播电视出版社，2001，第176页。
② 《马克思恩格斯全集》第30卷，人民出版社，1995，第511页。

通俗来讲就是钱不认人，交换的主体特征不是货币所考虑的。所以，以货币为主要媒介的交往活动本来就是对主体平等性的严重扼杀。

信任的基础之一是直接交往。交往总是要通过一定的平台来进行，自虚拟技术问世以来，虚拟交往便成为现代社会人与人之间交往的主要方式之一。虚拟交往的最大特点就是通过人—机—人的交往方式，现实的物理身体不在场，也就是说，不同于人与人面对面的直接的交往，在虚拟交往中，人们真实的相貌、姓名、性别、地位、地域、身份等只能通过符号来表示，交往双方无法了解彼此的真实信息。陌生人之间的虚拟交往是一种"相见却不相识"的交往：当你满怀希望，沉迷于网恋的美好世界时，你其实并不确定对方是男还是女。这也形象地描述出虚拟社会中人与人之间关系的隐蔽性、脆弱性。网友遍布天南海北，但是情感上却越来越孤独。我们常说的网络犯罪，就是利用虚拟社会的隐蔽性、虚拟性特征进行违法犯罪的一种新形式。面对诸如此类的问题，人们更畏惧与陌生人打交道，不愿跟陌生人"深交往"，将虚拟社会的信任危机延伸至现实社会中，时刻提防和警惕，所以，在陌生人之间建立基于情感之上的信任仿佛成为不可能的事。

三 社会发展失衡

交往是社会发展的动力。按照历史唯物主义基本原理，社会基本矛盾是推动社会发展的根本动力。其中，生产力与生产关系的矛盾运动决定着社会发展的总趋势。生产力决定生产关系，当生产关系和上层建筑束缚生产力的发展时，生产力将会受到抑制。从整体来看，社会是一个统一的有机整体，它能否充满生机、蓬勃健康地发展，取决于社会内部交往的广度和深度。因而在不同的历史条件下，社会所释放的活力程度是不同的。人们之间的交往如果存在障碍，社会交往程度低，那么，人们的创造热情将会受到抑制，社会就缺乏发展活力，无法取得更大的进步。相反，一个社会或一个民族内部的交往阻力小，社会交往程度高，交往状态活跃，那么这个社会和民族就会充满活力，文明程度就会较高。交往异化使人与人的交往受到物的控制和操纵，社会发展面临受物支配的风险。对此，我们从消费主义、物欲主义、虚无主义三种倾向来具体分析。

（一）消费主义倾向

在当代社会，消费不仅是满足人们物质需求和物质享受的过程，也是社会交往的一个重要组成部分，人们通过对物的占有关系来建立人与人之间的联系。鲍曼认为，现代社会的消费不仅仅是物质食粮的获得方式，更对社会功能的塑造起到关键性作用：在生活世界的层面，它是构建身份、构建自我和构建与他者的关系的工具；在社会的层面，它是维持制度、群体、结构和使此类事物持续存在的纽带；在系统的层面，它是确保所有生活和社会状况再生产的途径。充斥物欲的交往使人们的消费欲望过度膨胀，同时也使得人们的消费心理发生显著的变化，比如进行大量的炫耀性消费。为了使"物"增值，人们会想方设法增加"物"的附加值，通过购买、占有或消费商品，来增加自身的价值和意义。于是，人们沉浸在"买买买"的物欲世界中，价值观严重扭曲。

（二）物欲主义倾向

商品经济条件下，社会发展越来越呈现出"物化"的特点。人们的物质欲望不断膨胀，物质利益原则不仅深深地植入人的内心，而且逐渐在全社会范围内获得广泛认同。在这样的现实条件下，每个人都成为追逐自身利益的"经济人""理性人""原子人"，社会行为的出发点和归宿是实现个人利益最大化。客观而言，这些都是历史的进步，是向现代化迈进的基础动力。然而，以物为本的交往也不可避免地存在种种负面倾向，产生深刻的物欲危机，比如，人们对物质利益盲目追从，其恶性膨胀就会诱发拜金主义、功利主义、享乐主义。霍尔巴赫认为，人是充满理智和理性的，人可以依靠自己的理智和理性去获得自保、享受幸福。但霍尔巴赫所说的爱却达到了爱屋及乌的程度，在他看来，不仅要爱幸福，还要爱获得幸福的手段。"爱别人，就是爱那些使我们自己幸福的手段，就是要求他们生存，他们幸福，因为我们发现我们的幸福与此相联系。这就是把我们的利益与我们所交往的人们的利益混合在一起，以便为共同的福利而工作。"[1]利己，是人的生存属性；利

---

① 宋希仁：《西方伦理思想史》，中国人民大学出版社，2004，第280页。

他，是人的社会属性。当社会中物欲泛滥而资源又不能满足人的时候，利他行为得不到足够的积极反馈，利己主义必然抬头。当社会意识到物欲泛滥的危害时，利己主义不会轻易承认错误，而是选择"精致"地表达。精致的利己主义者的这种调控，会反映在他们的交往中。但是人的内心世界，特别是人有意隐藏时，难以窥见。由此渴求全面发展的人也就异化成拼命追逐货币的"单面人"，人们相信钱能通神、愿意铤而走险，甚至为了追求物质利益不择手段、无视道德良知，与和谐社会发展目标背道而驰。

（三）虚无主义倾向

虚无主义是现代性精神病症的表现之一，海德格尔将虚无主义描述为"最高价值的自行罢黜"。现代技术的快速更迭推动社会发展日新月异，社会生活节奏也在不停地调整和变动之中，结果是，人们对稳定性或连续性的确信不断下降，以至于那些原本被忽视或闲适消费的零碎的时间，现在却不断被发掘出来受到高度重视。日常生活走向碎片化，不将零碎时间利用起来，似乎越来越成为一种罪过。与其让空闲时间成为充满着无聊、空虚和恐惧等情感的精神负担，不如低下头，将它们消费到移动媒介上，让即时享受成为对现代的精神真空感的回应，以及平息焦虑的缓痛散。① 交往异化使人们失去了与他人、与社会、与世界的实质性关联，也失去了自身的内在本质。一方面是信息爆炸的时代导致的信息短缺焦虑，长时间在充斥着信息洪流的媒介中穿梭的人，霎时间回到传统的面对面交流时，一种信息短缺的焦虑感就会乘虚而入；另一方面是快节奏的生活导致个人或家庭时间被压缩，人的精神文化生活变得日益贫乏，人们不得不依靠网络来实现零碎时间的利用，在移动媒介上寻找感情寄托，以排遣内心的孤独与空虚。异化的交往使得人的价值被物化所遮蔽，社会发展的合理内核被抽空，核心价值观被泯灭，导致人自身价值的虚无化和意义世界的疏离。人的世界和人的关系不属于人自己，正因为如此才有了"任何一种解放都是把人的世界和人的关系还给人自己"的呐喊。

---

① 〔美〕马泰·卡林内斯库：《现代性的五副面孔》，顾爱彬、李瑞华译，商务印书馆，2002，第264~271页。

第三节　类的层面的危机

按照马克思的理解，世界历史的发展是一个从无到有、从孤立分散到紧密联系的漫长过程。这一过程从纵向来说表现为人类文明的传承、社会形态的更迭，从横向来说表现为世界各个地区、各个角落由封闭的状态走向开放的状态，整个世界成为一个密切联系的统一整体。随着人类交往活动的扩展，世界历史呈现出生动的画面。然而，随着资本主义具有颠覆性的生产方式的确立和以超越以往任何时代的速度发展，异化不仅成为人与人之间、人与社会之间对立冲突的力量，还造成了类的层面的冲突与危机。

一　影响世界历史的进程

"历史向世界历史的转变"是资本主义工业化向全球无限拓展和资本主义世界市场全面建立的结果，即资本主义生产方式"首次开创了世界历史"[①]，各个国家、民族、种族、地区的人们以资本逻辑为主导建立起全球范围内的交往关系。马克思恩格斯在《德意志意识形态》《共产党宣言》等著作中多次提到历史向世界历史转变的基本过程和重要影响。马克思指出，历史向世界历史的转变速度取决于地区之间、民族之间的交往程度，"各个相互影响的活动范围在这个发展进程中越是扩大，各民族的原始封闭状态由于日益完善的生产方式、交往以及因交往而自然形成的不同民族之间的分工消灭得越是彻底，历史也就越是成为世界历史"[②]。也就是说，随着资本主义生产方式的确立和完善，历史向世界历史转变的契机得以出现。生产的社会化、商品的普遍化、贸易的全球化，驱使资产阶级奔走于世界各地，建立工厂，进行殖民统治，世界历史在世界性的交往中最终得以形成。

但是，资本逻辑主导的世界交往是一种异己的力量。资本不能容忍其在

---

① 《马克思恩格斯文集》第 1 卷，人民出版社，2009，第 566 页。
② 《马克思恩格斯文集》第 1 卷，人民出版社，2009，第 540~541 页。

狭小、封闭的空间中生存，必须不断冲出现有的活动范围实现对外扩张，从而处于不断流动的状态之中，把整个世界作为其活动范围。这是资本自我增殖的本性，这种本性也推动了世界历史的发展进程。在这个进程中，每个主体都企图超越地域的、狭隘的、种族的联系，希望融入世界的、全球的、开放的联系之中，殊不知这种联系日益发展为一种异己的力量，使处于这种联系之中的人们"越来越受到对他们来说是异己的力量的支配（他们把这种压迫想象为所谓世界精神等等的圈套），受到日益扩大的、归根结底表现为世界市场的力量的支配"①。异化的交往在全球范围的蔓延，无疑对世界历史进程产生一定程度的影响。

我们在前面提到，人的普遍交往是以生产力的普遍发展为基础的。换句话说，世界交往是与生产力的普遍发展同时展开、同步发展的。资本逻辑对价值的疯狂追求，使其不会仅仅满足于聚敛国内市场的物质财富，当它把贪婪的目光转移到更为广阔的国际市场时，必然会在世界范围内进行统治和掠夺。在资本主义的商品贸易和坚船利炮之下，全球性的市场被打开，世界历史被开辟，过去很多地方和民族自给自足或闭关锁国的状态被打破，经受资本洗礼的地方也遭遇了烧杀掠取、民不聊生的悲惨命运。世界上各个文明、各个国家的人都成为相互依赖、不可分割的整体，而这种"世界历史"形成早期却是以抢占租地、强国宰割、划分势力范围等沉重的民族危机为惨重代价的。

此外，异化的交往也容易引发话语霸权危机。所谓话语霸权，是在国际对话中，交往双方不是平等的、对等的主体与主体的关系，而是一方占有绝对权威、绝对主导、压倒优势，另一方却处于相对弱势、服从权威、无言以对、无法发声的地位，主体与主体之间的相互关系变成主体与客体的关系。交往异化现象的蔓延在全球领域就表现为国际社会政治、经济、文化等领域的冲突以及矛盾的激增，国家与国家之间、民族与民族之间不能平等地对话、协商，话语权掌握在少数几个国家中，主要表现有：在国际舆论中，政策歪曲、任意解释，"无理强说"或"有理说不出"；在国际事务中为了自己的利益需求任意

---

① 《马克思恩格斯文集》第 1 卷，人民出版社，2009，第 541 页。

制定、更改、抛弃交往规则，在世界范围内推行霸权主义和强权政治。

总而言之，以资本逻辑为主导的社会呈现出复制粘贴式的高度一体化和高度同质化的交往现象，这种交往不仅会阻碍异质主体的良性发展，也会严重抑制人的主体性解放和社会的普遍性发展，逐渐成为"人类自身的异己性压迫力量与强制力量，形成了世界市场的'异己性支配秩序'，出现了'抽象成为统治'的最根本事实"①。

二 影响人类文明的传承

从世界历史来看，人类的文明与交往息息相关，可以说，文明发展程度与交往的程度基本相一致。有学者指出，"人类文明从远古时期各文化发源地狭小、封闭和分散的状态，到古代几大文明中心的形成，再到中世纪较大规模的几大文明圈的发展，直到近代以来各大文明连为一体，就是通过各个国家、民族之间日益增强的交流和交往而实现的。"② 文明发展的程度，既是文化发展水平的体现，也是一个社会、一个民族、一个国家交往水平的体现。人们的交往越是积极、活跃、有效，这个时期或这个国家的文明程度就越高；相反，"禁锢封闭""孤芳自赏"只会陷入文化死循环的怪圈。所以我们说，文明是社会进步的重要标志。

人类文明是人类共有的精神家园。世界上有各种文明形式，而灿烂的中华文明，在其五千多年的发展史中，历经磨难却百折不挠，是世界文明中始终没有中断过的文明。中华文明绵延至今，除了自身的核心价值的一致性，一个重要原因就是注重文明的世代传承。文明的传承大致有两种形式。一是文明自发的传承。日常生活中的风俗、习惯、传统、礼仪、规范等，都会通过自发的方式得以传承，要么是简单的经验模仿，要么是长期的、潜移默化的影响。特别是在传统社会，家庭和传统共同体对某些特定文化的影响发挥着至关重要的作用。二是文明自觉的传承。社会化程度更高的文化形

① 刘同舫：《构建人类命运共同体对历史唯物主义的原创性贡献》，《中国社会科学》2018 年第 7 期。
② 丰子义：《全球化与文明的发展和建设》，《山东社会科学》2014 年第 5 期。

式，如科学、艺术、宗教、哲学等，一般是通过更加自觉和理性的方式获得传承。尤其是在现代社会，文化学习和文明继承的主阵地是学校，人们通过学校的教育学习科学文化知识和社会道德规范，形成世界观、人生观、价值观。但是，无论是哪种传承方式，都离不开人们之间的交往活动，而适应了技术进步、社会变革的交往活动，无疑能更有效地把道德规范、价值观念、知识经验、物质财富等文明的内核和养料不断地传递给他人。总而言之，交往活动的开展一方面促进了文化的发展与繁荣，另一方面也推动了具有优秀基因的文明的传承与弘扬。

交往的发展状况直接影响人类文明的传承。文明的传承要受到各种社会因素的制约，其中交往状况对人类文明的传承具有至关重要的影响。换句话说，人类的物质文明和精神文明得以传承和弘扬有赖于一定的中介，而这个中介就是交往。人们依靠代际交往，后代人继承并保存了前人创造的物质财富和精神财富，并在前代人的基础上，创造新的物质财富和精神财富，进而使一切文明得以传承和发展。交往的发展程度、发展水平、发展层次等状况对于文明的传承有着十分重要的影响，正如马克思所言，"某一个地域创造出来的生产力，特别是发明，在往后的发展中是否会失传，完全取决于交往扩展的情况。当交往只限毗邻地区的时候，每一种发明在每一个地域都必须单独进行"[1]。从这个意义上而言，交往的发展状况决定了人类文明的命运。在全球化浪潮下，人类的普遍交往为各地区、各民族的文化交流互鉴提供了更多的条件，推动了人类文明的进步与发展。然而，西方一些国家通过宣扬所谓的"普世价值"形成文化霸权，这种错位发展形势，不仅影响了交往双方在文化交流中的平等地位，也损害了世界文明的多样性，更抹杀了其他国家具有历史性和民族性的文化成果。

三 影响人类命运共同体的构建

人在普遍交往中结合成共同体，交往是共同体形成和巩固的前置条件，

---

① 《马克思恩格斯文集》第1卷，人民出版社，2009，第559页。

人与人之间的交往越是频繁、交往范围越是扩大，人的共同体意识就会越发强烈。以生产力为基础的普遍交往推动着全球化的加速发展，而全球化进程反过来又成为各地区、各民族经济、政治、文化、科技等交流互鉴的重要推动力量。从人类历史的发展进程来看，随着交往的逐步扩大，人类社会发展历经了从简单的血缘共同体、地缘共同体、宗教共同体，到今天的作为整体的人类命运共同体。相应的，人们摆脱了孤立、狭隘的单一状态，建立起世界性、全球化的交往关系，人类历史由民族性、地域性的历史走向更为宏阔的世界历史。构建人类命运共同体，是基于共同体的基本理念和基本内涵，在各个国家之间、各个国家的人民之间建立一种相互依存、相互包容、休戚相关、命运与共的共同体。人类命运共同体的成员之间不仅是一种相互沟通、理解包容的"交往关系"，还是一种利益共享、风险共担的"利益关系"，更是一种超越交往关系和利益关系的互帮互助、彼此信任的"伙伴关系"。放眼世界，各国相互联系、相互依存，各国命运与共、休戚相关，人类不仅生活于历史和现实交织的共同时空里，而且越来越成为"你中有我、我中有你"的命运共同体。

人类命运共同体的合理构建离不开普遍的交往，"这也有助于降低资本主义国家企图通过传统的殖民掠夺或侵略战争手段来侵害他国利益的可能性，而且有助于缩小各国由于财产、人口、资源、意识形态等方面的差异而造成的国际地位差异，使各个独立的国家或地区都能获得同等的国际地位，在制定国际共同规则中能发出符合自身需求的声音，避免由一国或少数国家控制和管理之下的'全球化'"①。随着资本主义经济的发展和工具理性的蔓延，个人之间的交往受到阻挠，国家之间、民族之间的交往同样受到资本逻辑的侵扰。这具体表现为：一是，国家与国家并不是作为平等的主体参与到国际交往中来，特别是发展中国家在谋求自身发展的同时，受到不合理的国际政治经济秩序的侵扰与束缚，在国际上没有地位，缺少发言权；二是，

---

① 邹广文、王毅：《论全球化与反全球化的理论向度与中国判断》，《教学与研究》2018年第1期。

在资本逻辑的强迫下，一些国家将国与国的关系视作零和游戏，把国内社会对利益的疯狂追逐移植到国际社会，利益交往成为国家之间交往的本质，破坏了构建人类命运共同体的美好愿景，并阻滞其发展进程；三是，现实的国际关系、国际准则被扭曲，对话交流机制受到破坏，程序制定不合理现象时有发生，等等，一定程度上威胁到人类命运共同体的构建。资本逻辑对国家外交策略的胁迫也在不断向人们灌输错误的交往逻辑，反过来又进一步强化了这些国家的外交策略，其外交策略变得更强硬、更顽固。因而，必须将不断拓展和活跃的交往引导到促进人类命运共同体的合理构建这一正确方向上来。

第四章　交往异化的深层根源

　　现代性的进程与资本积累的过程紧密相随。资本每完成一次积累使命，现代社会的脚步就向前迈进一步。资本不断增殖、不断扩张的特质实际上构成了现代社会发展的主要动力。从根本上说，现代性逻辑主要是由资本逻辑决定的。按照马克思的观点，生产方式等经济因素对现代性的存在和运行起着基础性作用。资本逻辑的结构决定了现代社会的基本结构，资本逻辑的面貌决定了现代社会的基本面貌。所以，在马克思看来，产生交往异化的原因有很多，但深层根源不是别的，正是资本逻辑的驱使。资本为人的普遍交往开辟了广阔的道路，但也带来了以前社会所未遇到过的新问题。现代社会是以资本主义发展为主线的，马克思的一生，大部分时间用来思考资本主义的本质、发展规律及历史趋势，在他那里，商品和资本是现代社会的"细胞"，资本主义是现代社会的全部主题。很多时候，他的"现代社会""资本主义社会""资产阶级社会"所指的是同样的内容，那就是以资本主义为主导的社会发展形态。通过对资本的细致解剖，马克思完成了对现代性命题的全方位考察。现代性背景下，资本的支配力量不仅侵蚀着生产领域、消费领域，也渗透到日常生活的方方面面。资本过程与交往过程相互交织、相互融合，"此时的资本"是普遍交往中的资本，"此时的交往"又是在资本逻辑范围内的交往。交往在资本逻辑的主导下一方面表现出一般规律和一般特征，另一方面呈现出不同于原始社会、传统社会的特殊性，显示出资本主义生产条件下交往方式和交往活动的特殊规定。在资本逻辑的统摄和主导下，交往逻辑必然难以独立自主地运行。沿着此条路径，我们可以清楚认识到现代社会交往异化的深刻缘由，全面理解马克思交往异化理论的当代价值。

第一节　资本逻辑的序幕

资本主义生产方式的最基本单元——商品和货币，是马克思考察资本的逻辑起点，在这个基础上，马克思上升到对整个资本主义生产关系的认识。人的全部社会关系皆因商品和货币而产生，也因商品和货币而发展。生产领域抑或流通领域，资本家抑或工人，资本主义社会的所有人，都因商品和货币运转了起来。可以说，资本及其具体形态商品和货币，构成了现代社会中物品的基本形态。现代社会交往是以物为媒介的，人与人的交往需要通过商品和货币等物与物的交换形式实现。因此，分析资本的运行规律、揭示资本逻辑的实质，首先应当从商品和货币谈起。尤其是对商品、货币与人的社会联系的分析，对理解交往异化的深刻缘由具有重要意义。

一　商品与人的交往

商品是人类社会发展到一定阶段用于交换的劳动产品，具有使用价值和价值两种属性。商品的使用价值是商品之于人的某种需要，即商品的有用性，不存在没有使用价值的商品，这是一种自然属性；商品的价值是凝结在商品中的无差别的人类劳动，即商品的社会性，表征人与人、人与社会的关系，这是一种社会属性。资本主义社会以前，生产活动一般来说是为了满足自身的需要，或者能为人类生活带来某种便利。生产产品的劳动者既是生产者又是消费者，生产行为和消费行为是统一的。进入资本主义社会以后，生产行为和消费行为发生了脱节，由于每个人的劳动都只是具体的劳动，具体劳动的产品已经无法满足自己的需要，而他人的产品能够满足自己的需要。所以，生产的目的从"满足自身的"需要转变为"与他人交换的"需要。

但是，各种各样的商品之所以能够交换，不是因为商品的使用价值，而是在于商品的价值。因为，不同商品的使用价值是不能进行交换的，但是，凝结在商品中的一般人类劳动只有量的不同没有质的差别，"各种劳动不再有什么差别，全都化为相同的人类劳动，抽象人类劳动"①。所以，各种各样的商品就按照共同的尺度——价值来进行交换。这样的交换方式就导致这样的结果：一方面，产品的交换价值地位上升，而使用价值的地位相对下降，资本家对利润的关心超过对产品用途的关心；另一方面，商品的二因素改变了劳动的性质，劳动者的劳动力可以像商品和生产资料一样在市场上出售。

商品交换，即人们相互交换劳动产品的活动过程，是社会再生产过程中连接生产与消费的一个环节，由生产决定同时又反作用于生产，对生产发展具有促进作用或阻碍作用。商品交换只是人们交换活动的一种形式，商品交换是随着社会分工和私有制的产生而产生并逐步发展的。物质生产资料是人类赖以生存和发展的物质基础，而物质生产资料是建立在人的分工和合作基础之上的，也就是说是建立在人的充分交往基础之上的，所以交往和生产是密切相关的。交往是社会生产的前提，对社会生产发展有着重要的作用。人类所进行的生产无外乎三种形式。第一，人口生产，也即人自身的生产。人口生产是人口的存在和延续，通过家庭来实现，这是历史存续的必要条件。第二，物质生产，就是满足人基本物质生活资料的历史活动的生产。物质生产也即生产物质生活本身，这是一切历史的基本条件。第三，精神生产，作为一种人类特有的生产形式，是指人们为满足精神需求而进行的创造性活动，表现为意识形态、伦理道德、文学艺术、宗教信仰等，对社会发展同样具有重要作用。这三种生产方式都离不开人的交往关系，只有在交往活动中，人才会形成对自然的能动关系，才有现实的生产活动。

在传统社会，自然经济的最主要特点是自给自足，所以社会上的经济活动基本没有，更不用说人们的经济联系了。到了现代社会，商品经济的最主要特点则是交换，如果说商品是商品经济的细胞，那么交换就是商品经济的血液。没有交换，商品经济就失去活力乃至生命。在现代社会，人与人联系的新的支点就是商品交换。从本质上说，资本主义社会化大生产就是以商品

---

① 《马克思恩格斯文集》第5卷，人民出版社，2009，第51页。

交换为基础的商品生产。所有人的关系大都围绕商品而展开。在货币产生以前，商品生产者和商品使用者的关系是通过商品的交换来实现的。商品生产者生产出来的商品能否卖出去、以什么样的价钱卖出、是否好卖等一切他们最关心的问题并不是由他们自己所决定的，而是由市场上的商品交换规律所决定。也就是说，商品的命运支配了商品生产者的命运。

二　货币与人的社会联系

货币的产生已有数千年的历史。货币产生之初，就表征着普遍意义上的交换活动。货币由于具有方便运输和携带、相对公平的天然优势，所以充当起一般等价物的角色，使不固定的价值形式转变为固定的货币形式。但货币终究是一种商品，是从众多商品中抽离出来固定地充当一般等价物的商品，所以它同其他商品一样也具有使用价值和价值两重属性，货币的价值属性使得它能够和其他一切商品进行交换，其他一切商品在货币面前丧失了个性，货币由此获得了统治商品的神秘力量。因而，在现代社会，货币不仅仅是经济学符号，更是一个社会学问题和精神层面的问题，反映了现代生活中人的生存感觉的真实变化。货币与现代人的生活方式和交往方式密切相关，人的交往动机、人的交往行为都难以脱离货币这个关键性要素。马克思在《资本论》中对货币的起源、本质、职能以及货币与人的社会联系等都有成熟完善的理解；西美尔在《货币哲学》一书中分析了货币对现代社会和人的内心世界产生的文化范畴的影响，对货币与现代性的内在关系进行了深刻的阐发，触及的是货币对于个体生命、社会生活乃至文化气息的影响。我们可以通过对马克思和西美尔货币思想的分析，深入挖掘货币与现代人的真实联系以及货币对人的深刻影响。

（一）货币是人与人关系的纽带

在商品流通的社会里，货币始终扮演着重要的角色。随着社会分工的扩大，交换的需求和价值越来越大，人与人之间日益通过货币建立起社会联系。原来没有任何关系的个人，通过商品交换都会建立起普遍的社会联系，人们通过出卖自己的产品获得货币，又通过货币来获得社会权利和社会关系，马克思指出货币是"牵线人"，是"纽带"，是"结合手段"，甚至于，"他在衣袋里装着自己的社会权力和自己同社会的联系"。① 马克思曾拿麻布作比喻，麻布经由货币买卖便获得了自己的价值形式，此后麻布不再是只同另一种商品发生社会关系，而是同整个商品世界发生社会关系。货币的出现虽然解决了物物交换过程中的一系列难题，但并没有解决商品的内在矛盾，它的出现反而使这种矛盾更加尖锐。原来是商品—商品的交换过程，现在是商品—货币—商品的交换过程。货币是充当一般等价物的商品，任何东西都要换成货币才能体现出价值。原来商品生产者关心的是生产出来的商品能否卖出去、以什么样的价钱卖出、是否好卖；现在商品生产者在乎的则是商品能否换成货币。货币在商品经济条件下完成的"惊险一跃"，使得自身成为商品经济社会人与外部世界关系的"牵线人"，成为"我同人的生活，同社会，同自然界和人联结起来的纽带"和"一切纽带的纽带"②。

在西美尔看来，货币的本质不是物，而是人与人的关系。前现代社会，人与人之间的关系是确定的、带有人身色彩的。传统自然经济条件下，土地是人的全部财产，对人身实现占有的是土地，人与财产是没有距离的、直接相关的，人身依附于土地，土地所有制是传统社会的主要社会关系。在现代社会，人与人之间的关系变得模糊不清、风险重重，每个人只依赖自身。人与财产之间并未直接相通，二者之间存在一段距离，而连接这两点的桥梁就是货币。因此，货币对单个人并没有意义，只有在涉及人与人之间的关系、团体之间的关系时，它才有明确的意义，其意义就在于，货币是人与人关系的重要纽带。

（二）"我凭借货币都能做到"

作为一般等价物，货币可以和其他一切商品进行交换，可以和不同的价值通约、画等号，并表现出其他一切商品的价值，因而货币就拥有了无所不能的威力。马克思曾精辟地论述道："凡是我作为人所不能做到的，也就是

---

① 《马克思恩格斯文集》第 8 卷，人民出版社，2009，第 51 页。
② 《马克思恩格斯文集》第 1 卷，人民出版社，2009，第 245 页。

我个人的一切本质力量所不能做到的，我凭借货币都能做到。"① 资本主义社会更是为货币的衍生、扩张、地位的上升打开了方便之门，任何人无论你出生在什么地方，无论你身体是否健全，拥有货币就仿佛拥有了一切，货币成为人与人关系的唯一纽带。前现代社会，人们对特定目标的追求是含蓄的、低调的、稳定的，个人与共同体具有天然的联系，由于以血缘、性别、等级为特征的共同体是一个极其稳定的结构，所以人们的权利或诉求通过稳定的共同体来表达；到了现代社会，货币成为人们疯狂追逐的目标，并且这个目标是奔放的、高调的、不断加码的。在资本主义社会中，交往关系完全被物化，货币的出现使交往走向全面的异化。西美尔认为，从前，上帝、宗教作为目标的指引，让无数人默默予以追随，人们无须做出什么行为，只要"信"的力量驻扎内心就可以实现追求。而现代社会中，人们疯狂地追逐货币，渴望拥有并占有货币，这不仅表现为一种强烈的心理活动，还表现为赤裸裸的行为，只要占有货币，生命、人性都可以弃之不顾。由于货币的"万能"属性，追求货币的需要成为压倒一切和统领一切的需要，其他需要都显得微乎其微，需要的丰富性被遮蔽。人的精神状态由以往的以"上帝"为中心转变为以"货币"为中心。人们相信金钱万能就如同相信上帝全能一样，拥有货币成为持续不断的刺激和追求。

（三）货币对人的统治和奴役

货币虽然作为一种交往媒介在现实生活中发挥着重要的作用，但是也加剧了人与人之间交往的异化。生产力的高速发展和商业交往的日渐频繁，使得以血缘为基础的亲情关系和以封建制为基础的人身依附关系被货币化的雇佣关系所取代，人由依附性的交往走向独立性的交往、自由的交往。货币逐渐发展出独立于人的普遍手段和能力，这种手段和能力将一切事物都混淆与替换了，正如马克思所言，"货币能使冰炭化为胶漆，能迫使仇敌互相亲吻"②。在西美尔看来，货币是不夹杂任何感情的"客观中介"，因而它为现代人彰

---

① 《马克思恩格斯文集》第 1 卷，人民出版社，2009，第 246 页。
② 《马克思恩格斯文集》第 1 卷，人民出版社，2009，第 247 页。

显自由和个性提供了前所未有的空间。但是，即便如此，货币并没有给人的真正独立带来太多希望，因为货币实现的自由属于典型的消极自由，在这种追求之下人们失去的是内心的宁静、身心的舒适，换来的是内心的紊乱、秩序的混乱。"货币所能提供的自由只是一种潜在的、形式化的、消极的自由，牺牲掉生活的积极内容来换钱暗示着出卖个人价值——除非其他价值立即填补上它们空缺后的位置。"① 所以，这种自由是一种空虚的、放纵的、变化无常的状态，并没有使人获得积极的内容，也不会使人获得真正的解放。

按照马克思的观点，人从"人的依赖"形态进入到"物的依赖"形态，人与人的关系转换成物与物的关系，这种物与物的关系不仅不以人的意志为转移，还控制了人、支配了人。由于交换价值是商品社会的目的，所有商品包括人的劳动在内的全部成果必须转化为交换价值才有意义。这就导致一切生产以"物"为目标，一切劳动以"物"为目标，一切社会交往以"物"为目标。现代性条件下，人的生存离不开商品的普遍交换，这是现代人的生存前提。但是，这种普遍交换以及在此基础上的相互联系，却不是作为人们自身的力量出现的，而是表现为一种异己的、非人的、独立的力量，"人的社会关系转化为物的社会关系；人的能力转化为物的能力"②。在商品社会里，没有货币就等于没有了一切，其他的社会活动更无从谈起；而占有货币也就等于占有一切，货币拥有凌驾于个人和社会之上的权力。货币于个人，从一种纯粹偶然性的关系一跃成为具有普遍支配性的关系和权力，"这种对于同个人个性毫无联系的物品的关系，却由于这种物品的性质同时又赋予个人对于社会，对于整个享乐和劳动等等世界的普遍支配权"③。正是由于这种普遍性的支配权，货币仿佛为现代生活安装了一个永不停息的发动机，促使现代生活在这架机器上不停运转、快速前进，致使现代生活处于一种躁动不安和狂热不休的状态。人原本是创造货币和使用货币的主人，反过来却成为货币

---

① 〔德〕西美尔：《金钱、性别、现代生活风格》，顾仁明译，学林出版社，2000，第402～403页。
② 《马克思恩格斯文集》第8卷，人民出版社，2009，第51页。
③ 《马克思恩格斯全集》第30卷，人民出版社，1995，第174页。

的奴隶和附庸。

三　资本是一种生产关系

在最直观的层面，商品、货币是资本的具体物化形态，但仅仅将资本视作具体的商品或货币就犯了国民经济学家普遍犯的错误。要认识到，资本是一种生产关系，也是一种经济权力、社会权力。国民经济学家从商品拜物教的幻想出发，将资本视作具体的实在的物品，并没有发现隐藏在资本背后的历史性和社会性。马克思从历史唯物主义视野着眼，以深邃的时代目光揭示了资本的实质，即"资本不是一种物，而是一种以物为中介的人和人之间的社会关系"①。在现实生活中，资本总是表现出物的形式，如生产资料、商品、货币等都是资本的表现形式，但这些形式并不是资本本身，只有在一定社会条件下，资本才能实现获得剩余价值的目的。至于资本是一种什么样的社会关系，马克思也给予了进一步的解释，"资本也是一种社会生产关系。这是资产阶级的生产关系，是资产阶级社会的生产关系"②。资本主义社会以前，所有生产追求的目标都是获得使用价值，即满足"物"的有用性；而资本主义社会产生以后，所有的生产围绕的目的不仅有使用价值，还有价值，而且后者支配前者。从另外一个层面更容易理解，价值本身就是一种社会关系，所谓价值就是凝结在商品中的无差别的人类劳动，内含着人与人的关系问题。资本的历史性与资产阶级的历史性相同步，资本属于一定的、社会的、特定历史范围内的社会关系和社会存在方式。资本的实质就是现代社会的生产关系，生产资料、商品、货币等仅仅是资本的具体表现形态。

资本作为一种"现代生产关系"，搭建了现代社会关系的基本结构，直接决定和影响着社会关系的各个领域。资本不仅主宰以交换为基础的交往关系，还日益渗透到政治关系、文化关系、伦理关系等其他社会关系领域，使人们普遍遵循商品交换的原则，完全服从于资本逻辑的宰制。所以，"在资

---

① 《马克思恩格斯文集》第 5 卷，人民出版社，2009，第 877~878 页。
② 《马克思恩格斯文集》第 1 卷，人民出版社，2009，第 724 页。

本主义条件下，表面上是资本对劳动的统治，是物对人的统治，实际上是人对人的统治，是资本主义社会关系对劳动者的统治"①。

资本之所以是现代社会的生产关系，在于资本拥有了支配现代社会的一切经济权力，进而成为一种社会关系的强制力量。马克思指出："资本是资产阶级社会的支配一切的经济权力。"② 对经济权力的绝对掌控使得资本成为一种社会权力而非个人权力，成为一种社会力量而非个人力量。交往异化的深层根源之所以是资本及其运行逻辑而非货币，是因为货币不是直接可以获得剩余价值的，货币向资本的转化是实现这一目的的关键环节，"货币必须负载某种特殊的社会关系力量从而成为资本之后，才能给社会剩余劳动以新的伟大历史作用"③。也就是说，资本本身是一种社会关系的特殊本质使剩余劳动的作用发挥得淋漓尽致，资本"另辟蹊径"，使剩余劳动从传统的等级制结构中抽离出来，投入新的领域，即物质生产中的扩大再生产，从而塑造新的社会结构。

马克思在阐述商品、货币和资本的过程中，揭示了资本主义生产关系的一个重要特征，那就是，资本主义社会是一个颠倒的社会。商品、货币和资本是无差别的一般人类劳动，换句话说是抽象劳动。然而，在资本主义社会，这种关系却被颠倒了，资本成为实际的主体，并且不断地将其所需要的个人、关系、活动等一切要素视作手段、工具，这些要素充分体现着资本的意图，执行着资本的命令，是资本实现增殖目的的服务工具。人与人的关系必须通过物与物的关系才能表现，人成了劳动产物的奴隶，拜物教由此产生。商品拜物教和货币拜物教不是人们行为上的简单崇拜，而是已经深深地植入人们内心并转化为日常生活的基本理念乃至核心观念，商品、货币、资本的价值被抬升，人的价值被贬低到极限。

---

① 边立新：《人的解放：马克思主义的真谛》，《科学社会主义》2013 年第 4 期。
② 《马克思恩格斯文集》第 8 卷，人民出版社，2009，第 31~32 页。
③ 鲁品越：《走向深层的思想——从生成论哲学到资本逻辑与精神现象》，人民出版社，2014，第 389 页。

第二节　资本逻辑的展开

一　资本逻辑的本质

逻辑，既是一种思维线路，也是社会现实演进和发展的内在机制和规律。作为占统治地位的现代生产关系和主体性存在，资本有着自己运动的内在规律和必然趋势。因此，资本逻辑首先体现为一种目的，即追求价值增殖，同时资本逻辑还体现为一个过程，即有规律性的资本运动。资本逻辑源于资本的本性。一方面，自我增殖、自我扩张的本性是资本产生与发展变化的内生动力，强烈的本性要求为资本逻辑的运行和展开提供生生不息的动力支持；另一方面，资本的逻辑不是资本本性的被动反映或"原图成像"，它不仅验证、实现了资本的本性，还将这种本性在逻辑运行的过程中进一步放大。

资本增殖的逻辑是一个循环，起点和终点都是价值：起先，资本转化为生产资料，以工资的形式去购买劳动力；然后，资本在生产过程中榨取剩余价值；接着，当货币转化为资本后，资本又带来剩余价值，剩余价值积累起来便产生了更多的资本。就这样，资本实现了追求剩余价值的环环相扣。为了榨取更多的剩余价值，资本家不但占有了工人的劳动产品，还占有了工人的劳动以及全部社会关系。更严重的是，人们的吃、喝、住、穿已经不再是真实的需要，而是一种"异化的感觉"，一切属于人自身的肉体和精神的感觉被取代，作为整体的、全面的人的本质力量被消解。资本主义市场经济下的竞争原则产生新的分离和隔绝。所以，在资本主义社会，交往只是一种手段，是资本家剥削工人的工具。只要赚取更多利润的动机和目的还存在，只要资本主义的私人占有关系没有从根本上消除，只要资本逻辑是社会发展的主要逻辑，交往异化就不可能从根本上消除。

马克思所生活的年代，资本主义已经取得了绝对的统治地位，马克思深刻感受到眼前的巨大变化。在马克思看来，任何一个社会都有其主导发展运行的主要方式，前现代社会的支配力量是"以人的依赖性为前提的人的独立性"为主导的抽象力量，"我们越往前追溯历史，个人，从而也是进行生产的个人，就越表现为不独立，从属于一个较大的整体"[①]。而支配现代社会发展运行的则主要是资本逻辑。通过对资本逻辑的分析，马克思不仅揭示了资本主义雇佣制度下广大无产阶级被资产阶级奴役、剥削的命运，还揭示了在资本主义条件下普遍异化的问题。实际上，马克思对现代性的批判的中心就是对资本逻辑的批判。

资本逻辑是现代性诸逻辑中起决定性作用的一种逻辑形式。现代性，顾名思义就是现代社会的总体特性。在现代性境遇下，资本成为现代社会的生产关系和支配一切的经济权力。因而，现代性的生成演化、运行规律、发展趋势都内在地蕴含于资本逻辑的运行规律、基本矛盾和发展趋势之中。资本逻辑成为决定现代性逻辑的根本逻辑形式。从这个意义上而言，现代性可以被视为由资本逻辑所规定的现代社会的总体特性。资本创造了现代社会，创造了现代人，同样也创造出现代社会与现代人生活的基本面貌。马克思直言："只有资本才创造出资产阶级社会。"[②] 资本创造出一个区别于传统社会的特殊历史阶段，赋予社会生产和社会生活特定的属性和形式，即"特殊的以太"，勾勒出现代性的基本面貌。

二　资本逻辑的原则

资本增殖的逻辑决定了资本逻辑在运行中必须遵循一定的原则。从主要方面来看，资本逻辑遵循增殖原则、竞争原则和效用原则，这些原则不仅是资本属性的基本体现，而且进一步巩固、提升了资本逻辑的实际效力，将资本逻辑的本质体现得淋漓尽致。

（一）资本的增殖原则

资本的核心要义和根本追求是增殖。为了追求剩余价值，资本会不惜一

---

① 《马克思恩格斯文集》第 8 卷，人民出版社，2009，第 6 页。
② 《马克思恩格斯文集》第 8 卷，人民出版社，2009，第 90 页。

切代价，用不变资本获取更多的剩余劳动，唯有如此，资本才能维持其生命力。"资本是死劳动，它像吸血鬼一样，只有吮吸活劳动才有生命，吮吸的活劳动越多，它的生命就越旺盛。"① 无限增殖的本性促使资本最大限度地占有工人创造的剩余价值，以实现资本的快速积累。马克思在《资本论》中对资本的本性有着精彩的说明和深刻的阐述，他形容资本是"一个有灵性的怪物"，又好像"害了相思病"。② 资本凭借着强大的生命力和再生力成为现代社会一股不可阻挡的浪潮，其影响力波及经济领域、政治领域、文化领域和社会生活的各个角落。资本的唯一目的是实现自身的保值和增殖。马克思曾引用英国著名评论家邓宁的话来揭示资本的本性："资本害怕没有利润或利润太少，就像自然界害怕真空一样。一旦有适当的利润，资本就胆大起来。如果有10%的利润，它就保证到处被使用；有20%的利润，它就活跃起来；有50%的利润，它就铤而走险；为了100%的利润，它就敢践踏一切人间法律；有300%的利润，它就敢犯任何罪行，甚至冒绞首的危险。如果动乱和纷争能带来利润，它就会鼓励动乱和纷争。走私和贩卖奴隶就是证明。"③ 这段话虽然出自马克思《资本论》中的一个脚注，但是足以说明资本贪婪的本性。资本一刻不停地追求更大的剩余价值，实现自身增殖就是资本活动的最高目的。

（二）资本的竞争原则

资本的增殖原则决定了资本必须毫无止境、毫无限制地去扩张和侵略，也就要求它必须把其他竞争者排除在外。马克思指出："包含在资本本性里面的东西，只有通过竞争才作为外在的必然性现实地表现出来，而竞争无非是许多资本把资本的内在规定互相强加给对方并强加给自己。"④ 资本只有通过与其他资本的竞争，打败对方才能够实现自己的积累和扩大，这也就导致了资本与资本之间的残酷竞争与冰冷关系。从掌握资本的资本家一方看，在

① 《马克思恩格斯文集》第5卷，人民出版社，2009，第269页。
② 《马克思恩格斯文集》第5卷，人民出版社，2009，第227页。
③ 《马克思恩格斯文集》第5卷，人民出版社，2009，第871页。
④ 《马克思恩格斯文集》第8卷，人民出版社，2009，第180页。

资本数额一定的情况下，必须取得竞争优势，在市场上打败其他资本家，才能获得更多的资本；从资本家和雇佣劳动者的关系来看，资本家希望他的工人工作时间越长越好，希望工资越低越好，以此来增加利润。资本逻辑对利益的疯狂追求，使其不会仅仅满足于国内市场物质财富的聚敛，必然会把贪婪的目光转移到更为广阔的国际市场，实现在世界范围内的统治和掠夺。资本让人忘乎所以，人们不惜冒一切风险去占有它。人们损害其他人的利益、社会利益和国家利益加速资本的积累，导致偷税漏税、权钱交易、缺斤少两、以次充好、污染环境等问题的出现。这种方式在资本原始积累时期表现得更为明显。

（三）资本的效用原则

资本不仅创造出剩余劳动，还创造出一个至高无上的体现普遍有用性的体系，在这个强大的体系之下，社会成员实现了对自然界和社会联系本身的普遍占有。马克思说："如果说以资本为基础的生产，一方面创造出普遍的产业，即剩余劳动，创造价值的劳动，那么，另一方面也创造出一个普遍利用自然属性和人的属性的体系，创造出一个普遍有用性的体系，甚至科学也同一切物质的和精神的属性一样，表现为这个普遍有用性体系的体现者，而在这个社会生产和交换的范围之外，再也没有什么东西表现为自在的更高的东西，表现为自为的合理的东西。"[1] 马克思在这里表达了两层意思。第一层意思是，资本的基本属性把一切东西都变成有用之物，都卷入到有用的体系中来，这就是资本的效用原则。第二层意思是，在资本的效用原则之下，一切存在物都要依附于资本，而资本也要在有用性的层面上看待一切存在物，包括人与自然、人与人、人与社会的关系。也就是说资本不问物的其他特征，只关心物是否有用、是否值钱。在某种程度上说，效用原则等同于金钱原则。所有能赚钱的东西，在资本的眼中就是有用的东西。"有用性"便是资本的"眼镜"，资本戴了一副"有用性"的眼镜，那么眼镜之下的所有存在物都会经过筛选、甄别，而筛选和甄别的唯一标准就是该事物是否有用。

---

① 《马克思恩格斯文集》第 8 卷，人民出版社，2009，第 90 页。

三 资本逻辑的表现

马克思虽然对资本作出毫不留情的批判，但是并没有抹杀资本对人类社会发展中交往活动的推动作用，即"资产阶级在历史上曾经起过非常革命的作用"①。实际上，资本逻辑形成之初，资本的积极作用是显而易见的，人类历史上交往不断深化与发展，资本的文明作用功不可没。

从横向上来看，资本推动了交往的扩大。以资本为主导的现代性文明推动了人类走向迄今为止最深刻、最全面的普遍交往，这种普遍交往为全世界各个国家、民族、地区的融合性发展提供了基础，极大地推动了人类文明的发展进程，扩大了交往的时空范围。马克思指出，以资本为基础的生产"创造了这样一个社会阶段，与这个社会阶段相比，一切以前的社会阶段都只表现为人类的地方性发展和对自然的崇拜……资本按照自己的这种趋势，既要克服把自然神化的现象，克服流传下来的、在一定界限内闭关自守地满足于现有需要和重复旧生活方式的状况，又要克服民族界限和民族偏见"②。资本要求走出国门、跨出国界，超越各种民族、种族、区域、地域的限制，也不受传统生产方式和生活方式的约束。资本大大增加了各民族各地区之间的往来，打破了前现代社会孤立、封闭的状态。随着普遍交往的发展，民族历史走向世界历史。

从纵向上来看，资本推动了交往的深化。资本创造了有利于生产力发展和生产关系发展的条件，生产力和生产关系的发展使交往进一步走向深化。马克思在《资本论》中指出："资本的文明面之一是，它榨取这种剩余劳动的方式和条件，同以前的奴隶制、农奴制等形式相比，都更有利于生产力的发展，有利于社会关系的发展，有利于更高级的新形态的各种要素的创造。"③资本要求社会生产远远超出维持自给自足的水平，以赢得社会再生产以外的自由时间，从而人们可以从事更多的交往活动。尤其是，资本对科学

---

① 《马克思恩格斯文集》第 2 卷，人民出版社，2009，第 33 页。
② 《马克思恩格斯文集》第 8 卷，人民出版社，2009，第 90~91 页。
③ 《马克思恩格斯文集》第 7 卷，人民出版社，2009，第 927~928 页。

技术和社会交往力量的调动，极大地推动了社会财富的创造和生产力的进步，推动社会实现由传统向现代、由落后向先进的快速更迭。不可否认，资本的文明作用在一定程度上推动了生产力的进步、交往的普遍化，促进人们的生产方式和生活方式发生了革命性的转变。

不可否认，资本在历史上具有极大的进步作用，但是建立在贪婪本质上的资本不可避免地将资本主义社会引入泥沼。

在当代资本主义社会，资本逻辑具体表现为一种经济理性，资本的增殖原则、竞争原则、效用原则反映到人的头脑中，其心理结构和行为方式被理性化了。传统社会中，人们的价值观构筑在血缘伦理感情和对等级关系的崇拜之上，宗教、道德、礼仪、习俗、价值等构成人们的基本行为规范。到了现代资本主义社会，各种价值均以货币来通约、计算，冷冰冰的、机械的数量理性计算代替了传统的温情关系，人们追求的是创造和获取更多的货币，以实现更大的利润。按照资本增殖的逻辑，单位劳动必须创造最大的交换值，经济活动逐渐成为单一性的东西，资本所有者只关心生产到交换的过程中能否实现资本的增殖，致使人的认知行为的理性化和单一性自由意志的确立。当单一性的自由意志转变为普遍的需求后，传统社会一切的宗教、道德、礼仪、习俗、价值等都被取代，原先社会行为的规范全部失效，取而代之的是资本逻辑对全部社会活动的引导和规范。人们将全部注意力投入生产和流通的效率和数量上，对效率和数量无限追求，"越快越好""越多越好"内化为一种根深蒂固的信仰，所有的技术手段革新、制度安排都服从于经济理性。

资本逻辑推动着资本主义社会走向全面的理性化。理性作为现代生活的精神原则和制度原则，其根基在于现代资本主义社会资本追求无限增殖的欲望。从资本增殖本身来说，其增殖的欲望并非一种非理性的冲动，相反，增殖的欲望是一种合理性、合理化的冲动。这里所说的"合理性"主要是经济的合理性，或者说是以效率计算、利润为核心的经济理性，以精确的、严格的计算、核算、计量和规划实现对成本的最大压缩和对资源的有效配置，从而产出更多的剩余价值。以合理化的增殖冲动为原动力，资本逻辑重塑了现

105

代性的基本规则，掀起了全面理性化的浪潮。随着生产的发展，资本不再将自己仅仅局限于经济生活，它已经掌握了主导自己运行的力量，按照自己的逻辑安排以实现更大的增殖。由此，资本由经济领域扩展到社会领域、政治领域、文化领域，由生产领域扩展到生活领域，由国内扩展到国外。资本把生活世界的各种要素毫不留情地纳入其运转体系中，每个社会成员都是这个复杂机器运转的一部分。人与自然之间、人与人之间、人与社会之间的关系也被重新编织着。马克思形象地描绘出社会关系瓦解、现代生活全面理性化的滥觞，"资产阶级在它已经取得了统治的地方把一切封建的、宗法的和田园诗般的关系都破坏了。它无情地斩断了把人们束缚于天然尊长的形形色色的封建羁绊，它使人和人之间除了赤裸裸的利害关系，除了冷酷无情的'现金交易'，就再也没有任何别的联系了。它把宗教虔诚、骑士热忱、小市民伤感这些情感的神圣发作，淹没在利己主义打算的冰水之中。它把人的尊严变成了交换价值，用一种没有良心的贸易自由代替了无数特许的和自力挣得的自由"①。这样，资本逻辑以经济理性实现了对社会生活的全覆盖，这一表现形式反过来又为资本逻辑的持续运行提供了精神性的支持和制度性的保障。

第三节　资本逻辑对交往逻辑的遮蔽

资本逻辑的表现形态就是总体性的扩张，资本具有无限地增殖、扩张和宰制的逻辑，内在地具有发展、膨胀为"总体性存在"的客观趋势。资本把现代社会纳入其运行演变的齿轮之中，无论是生产、分配、交换和消费等各个环节，还是经济领域、政治领域、文化领域、社会领域等各个领域，抑或国家内部与整个世界所有范围，都全面被纳入资本的统摄之中。资本的这种趋势使得现代社会生活的各个层面、各个角落都散发着资本的味道，贯彻着资本的逻辑，实现着资本的使命。资本逻辑成为现代社会一切活动与行为的

---

① 《马克思恩格斯文集》第 2 卷，人民出版社，2009，第 33~34 页。

逻辑起点。在现代性条件下，交往逻辑始终与资本逻辑结合在一起，交往被资本推动走向深化和扩大化的同时，也在不断被资本利用和塑造。交往本来是人的实践本质和创造性的活动，是体现人与人之间自由的、平等的交互作用的活动。但是在资本逻辑的全面支配下，人的交往需求、交往方式、交往行为却不属于人，不仅不受人的控制，反过来却控制人本身，呈现出一种与人的全面发展和自由发展相对抗的异己力量。

一　主体视角：资本逻辑对交往需求的操控

我们前面提到，交往的目的来源于交往的需要。需要也即需求，是人的自然需求和社会需求的总和，其本质是匮乏、缺乏、不足，反映到心理层面就成为支配人行为的欲望和动机。人的需求是多层次、多方面的：按照内容分，有物质需求、精神需求；按照层次分，有个人需求、组织需求、社会需求、国家需求；按照从事的活动分，有生产需求、生活需求、劳动需求、休闲需求、交往需求；等等。西方人本主义著名代表人物马斯洛把人的需求从低到高依次划分为五种形式，即生理需求、安全需求、社交需求、尊重需求和自我实现需求。他指出，基于不同发展程度的社会状况，人们的需求类型也有差异。在经济不发达的社会中，人们为了衣食住行而奔波，所以生理需求和安全需求占据了主要地位；而在经济相对发达的社会中，吃饱、穿暖、安全已经不再是人们关心的主要问题了，人们在乎的是更高层次的需求。这也就是说，人的需求总是与一定的社会经济条件、社会交往状况相联系，脱离社会现实的需求是抽象的、不存在的。在资本逻辑所主导的现代社会，主体性的交往需求受控于资本的操控和驱使，使原本属于人的主体性需求变为客体需求，具体体现为交往需求的虚假化、效用化和扭曲化。

（一）交往需求的虚假化

人是喜爱交往的存在物，与同类交往是人的真实需要。人就是在需要的产生与满足、再产生与再满足中不断发展自身的能力的。但是，在资本逻辑的统摄下，需要的产生和需要的实现都受到外力的支配，人们的交往并不是为了满足自身真实的需要，而是大量地被生产出来、制造出来并强加于人身上的。广告、电视、电影等传播媒介大肆宣传商品经济社会的基本原则，与谁交往、如何交往、怎样交往都要受特殊利益的摆布。正如马尔库塞所言："现行的大多数需要，诸如休息、娱乐、按广告宣传来处世和消费、爱和恨别人之所爱和所恨，都属于虚假的需要这一范畴之列。"① 真正的交往需求源于人的本质规定，以真实的情感为基础而开展。然而，人的这种需要在资本逻辑操控下被剥夺、被扼杀，以一种虚假的形式强加于交往主体身上，使人放弃了对自由交往的普遍追求，僭越了人的本质规定。你的需要、你的愿望、你的意志"根本不是一种赋予你支配我的产品的权力的手段，倒是一种赋予我支配你的权力的手段"!② 人交往的需要、愿望、意志受物的制约，在此之下，"人不仅失去了人的需要，甚至失去了动物的需要"③。人的需要的实现和满足走上了被操控的道路，真实的交往需要被虚假的交往需要挤压、替代，使作为主体的人的主体意识消失；外在的标准和需要遮蔽了内在的标准和需要，使人沦为某种交往观念的盲目追随者和坚定捍卫者。

（二）交往需求的效用化

资本创造出了一个体现普遍有用性的体系，不仅是人与自然的关系，人与人的关系也被纳入有用性体系的范畴。在效用原则支配下，一切交往的对象都变成交往的工具或机器，人的自然交往对象、物质交往对象和精神交往对象都被贴上了"有用物"或"无用物"的标签。交往对象是否存在价值取决于交往对象是否有用。在资本逻辑的操控下，人们必然在有用性、效用性的意义上来看待和理解交往关系。包括脑力劳动、体力劳动、艺术劳动在内的一切劳动形式都可以用来交易，所有的职业都可以用价值来估算，诚如马克思所描述的，"资产阶级抹去了一切向来受人尊崇和令人敬畏的职业的神圣光环。它把医生、律师、教士、诗人和学者变成了它出钱招雇的雇佣劳动者。资产阶级撕下了罩在家庭关系上的温情脉脉的面纱，把这种关系变成

① 〔美〕赫伯特·马尔库塞：《单向度的人》，刘继译，上海译文出版社，2008，第6页。
② 《马克思恩格斯全集》第42卷，人民出版社，1979，第35页。
③ 《马克思恩格斯全集》第42卷，人民出版社，1979，第134页。

了纯粹的金钱关系"①。评判事物是否有效用的标准就是是否能赚钱，金钱统辖了世界的全部价值。在资本逻辑的驱使下，人与人交往的出发点和交往动机全部围绕一个目标，那就是，是否能从交往对象身上赚到钱，是否有利可图，是否"对我有用"。

（三）交往需求的扭曲化

现代社会交往是以物为媒介的，人与人的交往需要通过商品和货币等物与物的交换形式得以实现。资本主义的社会化大生产就是以商品交换为目的所进行的生产活动，这种生产活动离不开交换价值的作用，于是以交换价值为媒介在孤立的个人之间形成普遍的交换，人与人建立起普遍的联系和交往关系。但是，在资本主义私有制条件下，任何生产活动、交换活动都必须围绕获得剩余价值这个唯一目的。资本逻辑使得人的劳动价值、社会价值普遍地以商品的交换价值来计算，人的无差别的抽象劳动要以货币来衡量，等价关系与利害关系被全面地贯彻到交往关系中。利益需求是现代资本主义社会最大的需求，人与人的交往活动被外化和手段化，人与人之间的关系变为物与物之间的关系，这是交往异化最突出的表现。资本逻辑主导下人与人之间不是互相需要、相互结合，而是彼此分隔与对立。人与人之间的关系发生彻底的扭曲、变质，仅剩下赤裸裸的利益关系和冷酷无情的现金交易。人甚至将自己也转化为一件商品、一项投资，目的是在市场上"卖个好价钱"。世界上的一切都变成了赚钱的机器，而人自己也成了机器的一部分。人的交往价值和交往意义都被置于金钱滚滚的资本市场上。

二　媒介视角：资本逻辑对交往方式的支配

交往方式是交往主体根据自身的目的和需求，运用一定的手段或中介，在现实交往活动中所形成的基本模式或基本样式。交往方式与社会发展水平紧密相关。现代社会，资本对交往方式的影响和改变是十分深刻的，这集中体现在资本以其神奇的力量改变了人们的时空概念，打破了社会活动的时空

①　《马克思恩格斯文集》第3卷，人民出版社，2009，第363页。

架构，重筑起现代社会特有的时空大厦。

从时间上来看，资本缩短了时间进程。资本将一天划分为必要劳动时间、剩余劳动时间和消费时间等，并自由掌控着几个部分的比例分配关系。为了获得更多的剩余价值，资本要求单位时间内的生产量越多越好，这就需要加快资本周转的速度，尽可能地提升整个经济周期的速度和效率。这样，工人一天的劳动强度普遍增加，"大工业通过普遍的竞争迫使所有个人的全部精力处于高度紧张状态"[1]。在这一境况下，人们工作、生活、交往行为日益密集，生活的节奏和步伐大大加快。资本逻辑的合理性控制了人们交往的现实。时间就是金钱，个体通过物与物之间的关系来掩盖人与人之间的社会关系，进而掩盖资本主义雇佣制度之下的劳动剥削。随着货币体制的扩张，社会生活的各个角落无不被精准地计算着，这也深刻地影响到社会生活的方方面面，"货币体制的扩展，和怀表的流行的结果类似，使人的外在关系一丝不苟、精确无误，但在伦理领域，内在意识却没有产生与之相应的发展"[2]。尤其当电子货币、虚拟货币等非具体化形式的交换载体出现并流行以后，货币就愈加在观念上形成了某种商品与其他商品之间的价值比较关系，货币仅仅是以量化的形式表现出来。心理咨询按小时收费，"聊五毛钱的""不聊，没零钱，找不开"等玩笑之谈也体现了资本逻辑下交往形态的扭曲。当这种量化成为人们日常生活的习惯时，货币就在现代社会生活中取得了主导性地位。一切事物、一切人际关系都用货币尺度来衡量和清算，被货币所统摄和高度规约化的"价值世界"拔地而起。

从空间上来看，资本缩小了空间距离。资本逻辑的实现要求无限制地节约活劳动，无限制地对不变资本进行计算，总之要把资本的价值尽可能降到最低的限度。资本主义的生产方式对现代社会交往方式的塑造有着非常直接的影响：从社会范围来看，在人因变成社会大生产的齿轮而逐渐被物化的背景之下，人与人的交往也显得越来越理性化、量化、物化，交往的内涵正在

---

[1] 《马克思恩格斯文集》第1卷，人民出版社，2009，第566页。
[2] 〔德〕西美尔：《金钱、性别、现代生活风格》，顾仁明译，学林出版社，2000，第14页。

110

不可避免地发生深刻的变化。从社会分工来看，分工把社会分为多个独立的生产部门，大多数情况是，毫无交流各自生产各自的，但是毫无交流不等于毫无联系，利益把他们捆绑在一起。人们通过利益形成机械组合，彼此之间不仅冷漠而且充满着不信任。人虽然是独立的、自由的，但仅仅是表面上、形式上的独立和自由，彼此独立的背后是彼此的冷漠。从全球范围来看，资本自我增殖的逻辑背后，其实隐藏着资本的全球化的逻辑。由于资本自我增殖和自我扩张的本性，它不受领土的限制，也不受种族的阻隔，资本家迈出国门，在全世界范围内建立起庞大的资本主义世界市场，甚至与国家权力相结合，形成国家垄断资本的跨国形态。通过跨国垄断资本的形成，资本主义在全球范围内建立起了世界霸权。一句话，资本逻辑创造出一个普遍的交往体系。

总之，资本通过对时空关系的改变，深刻地改变着人的现实交往活动中所形成的基本模式或基本样式，资本在对现代社会进行重塑的过程中也在不断塑造着新的时空观念和思维习惯，人们的交往方式不属于人自身，而是资本逻辑运行链条中的一个环节。

三　规范视角：资本逻辑对交往行为的统治

在传统社会中，人们的价值观构筑在血缘伦理感情和对等级关系的崇拜之上，宗教、道德、礼仪、习俗、价值等是人们的基本行为规范。到了现代社会，各方面的价值以货币来通约、计算，冷冰冰的、机械的数量理性计算代替了传统的温情关系。因而，现代社会的交往只是资本实现其增殖目的的重要手段。资本为实现自己的增殖目的，敢于运用一切手段，在这一基础上制定的交往规范必然体现资本的意志。在资本逻辑的支配下，原本为人的生存与发展而服务的那些具有高尚意义的交往准则、规范在经济利益的驱使下变得工具化、商业化和不平等化，人的交往行为深深地刻上了资本逻辑的烙印，自由自觉的交往行为遭受着经济理性的全面侵袭。

第一，交往行为的工具化。工具理性不断扩张，已经渗透到人类生活的各个领域，包括人们开展日常交往的生活世界。在这里，金钱与权力取代了语言和理解，成为人与人之间联系的主要媒介。人与人因交往形成的社会关系越来越贫乏，交往行为的独立性、理性被以资本、权力为代表的资本逻辑所统摄，人与人之间的关系被工具理性所左右。例如，时下流行的"AA制"、婚姻中介机构、相亲节目和网站等，其中交往主体越来越显示出"理性人""经济人"的特征，纯粹的爱情关系被商品买卖的逻辑所统摄。在资本统摄的社会关系中，个人按照理性计算思考和行动，追求个人利益最大化，按照利己的原子化方式进行交往活动，人所关注的是达到目的的最优手段，而不在乎行为本身的价值正当与否。随着工具理性的膨胀，人们对交往行为的体验越来越不真实，感受不到浓浓的情意。

第二，交往行为的商业化。现代商品关系不仅仅局限于经济领域，而且日益渗透到资本主义社会生活的方方面面，包括人们的交往行为。商品原本是人的劳动的产物，体现着人与人之间的社会关系，但现在却被彻底物化，人与人的关系被物与物的关系所取代。资本以其强大的破坏性力量成为摧毁生产力与生产关系的物质条件，致使资本的客体性与人的主体性发生根本颠倒。在此之下，人的交往要依据资本的眼色来开展，"不是人的交往实践活动决定人们如何去运用资本，而是所谓主体性的资本制约着人的交往活动"。① 例如，资本强势介入到网络交往领域，微商、海淘、代购兴起，网络直播狂潮掀起网红经济链条，等等，原本单纯的私人性交往活动被物质、利益所缠绕，日常生活的交往被全面商业化，人与人的互动转变为资本所宰制的社交。

第三，交往行为的不平等化。货币是天然的平等派。但是，人们拥有货币的多寡不同，这就必然导致人们在货币面前的不平等；资本家将其拥有的货币用于扩大再生产以赚取剩余价值，又加剧了人们在货币面前的不平等，而且，使货币在数量上的不平等发展为货币在质上的不平等。每个阶层因金钱拥有的多少被分隔在不同的世界里，从而导致人与人的严重隔离。我们知道，资本不能容忍其在封闭静止的环境中生存，必须时刻保持扩张和流动，

---

① 孙民、齐承水：《马克思现代性语境中的"交往"概念》，《山东社会科学》2016 年第 11 期。

走向更为广阔的世界，普遍性的世界交往由此形成。在这个进程中，虽然每个主体都企图超越地域的、狭隘的、种族的联系，希望融入世界的、全球的、开放的联系之中，殊不知这种联系日益发展为一种异己的力量。资本与劳动的对抗性衍生出社会关系的对抗性，看似独立和平等的交往关系，背后却隐藏着深深的不平等：经济不平等、政治不平等、文化不平等。

必须承认，资本逻辑对交往需求、交往方式、交往行为的遮蔽并不是主观塑造的，而是不以人的主观意志为转移的客观过程，人们只有按照资本及其规律来运行，才能维系现代市场体系。人的活动的关注点是能否追求到最大利润的经济问题，人的主体性中道德的、伦理的价值被驱散，相反，植入的是现代性的经济理性。正如韦伯在《新教伦理与资本主义精神》所说的那样："这种伦理所宣扬的至善——尽可能地多挣钱，是和那种严格避免任凭本能冲动享受生活结合在一起的，因而首先就是完全没有幸福主义的（更不必说享乐主义的）成分掺在其中。……人竟被赚钱动机所左右，把获利作为人生的最终目的。在经济上获利不再从属于人满足自己物质需要的手段了。"① 资本逻辑推动着现代交往逻辑的普遍发展，人的交往需求、交往方式和交往行为等，无不服从于资本增殖的逻辑，深深被资本逻辑所遮蔽，自由交往成为遥不可及的梦想。

① 〔德〕马克斯·韦伯：《新教伦理与资本主义精神》，于晓、陈维纲译，生活·读书·新知三联书店，1987，第 37 页。

第五章　交往异化的扬弃与现代性的重建

　　在上一章中，我们已经得出资本逻辑对交往逻辑的遮蔽是交往异化的深层根源这一基本结论。但是，如何扬弃交往异化？这就不得不回到现代性的命题上。实际上，交往异化是现代性危机在人与人的关系上的主要表现，交往异化的普遍化是现代性语境下人的异化的凸显和深化。正因如此，马克思的异化理论在现代西方思想家，尤其是在法兰克福学派当中引起强烈的反响。他们重视马克思主义中这一特殊理论的地位和价值，并且认为，相较于马克思所处的时代，随着现代性的延伸，异化现象在 20 世纪非但没有消除反而更加普遍，异化在现代社会已经普遍到无可复加的程度，成为现代人的命运和现代社会的主要特征。"异化不是历史中的普遍性存在，也不是现代性中对所有人都一致的普遍性状态。异化只是一种现代性生存的映像，而且只有在现代性思维中才能映示出来的、与现代主体性哲学密切相关的东西。"[1] 无论从个体生存的角度，还是从社会发展的角度而言，异化问题都成为现代人和现代社会所必须面对和亟待解决的问题。正因为如此，他们坚信，马克思提出的异化理论非但没有过时，反而比以往任何时候都更有意义。以马尔库塞、弗洛姆、哈贝马斯为代表的现代西方思想家，针对资本主义社会发展过程中遇到的人类困境，发展了人本主义的批判理论，深刻揭示了现代社会人的异化的状态，并在马克思异化理论基础上，为扬弃交往异化提供了丰富的思想资源，给予我们宝贵的思想启迪。

---

　　① 　赵剑英、张一兵主编《国外马克思主义的基本问题》，社会科学文献出版社，2006，第 36 页。

第一节　主体维度：性格结构异化的扬弃与生存方式的重构

发达工业社会条件下，异化问题更加凸显和深化。异化不仅仅是统治人、支配人、控制人的外在力量，并且已经深化到人的内在的生存结构中，人丧失了批判性和超越性的主体维度，导致性格结构和心理机制的异化。以马尔库塞和弗洛姆为代表的法兰克福学派一方面继承了马克思的异化理论和卢卡奇的物化理论，一方面借鉴了弗洛伊德的精神分析方法，提出在性格结构和心理机制层面消解异化问题。这种性格结构和心理机制的异化是人的自我异化和交往异化的深层表征，因此，克服人的这种内在的异化对于扬弃交往异化具有重要的意义。

一　感性解放与非压抑性的生存方式

马尔库塞（Herbert Marcuse，1898~1979）是法兰克福学派激进批判理论的代表，他认为，现代工业社会的发展进步赋予人的自由和压迫是成正比的，现代性给人所提供的自由条件越多，人所承受的压迫和强制就越多。在扬弃异化的道路上，马尔库塞"冲出"了马克思社会-经济革命的变革思路，将弗洛伊德的理论与马克思主义相结合，关注人的情感革命和感性解放，形成了独具特色的感性解放之路。

第一，人的爱欲的复活。与弗洛伊德悲观地看待文明压抑不同，马尔库塞认为文明中现实原则与快乐原则虽然存在着很大的矛盾与分歧，但是通过"传统文化"的颠倒和历史性结构的重建，非压抑性的生存方式不是不可以设想的。马尔库塞在《爱欲与文明》中阐释了他的爱欲解放思想，希望通过两方面努力消解人的本能的压抑状态，获得一种新的生存状态，使人摆脱异化带来的痛苦，实现本能与理性的新联系。第一方面的努力是消除匮乏状态，使压抑性的劳动变为消遣。马尔库塞认为，现代文明的压抑性机制对人的本能产生深深的压制，造成了包括劳动在内的普遍异化。要改变这种异化状态就必须使劳动摆脱与现实生产和操作有关的标准和原则，使"劳动完全服从于人和自然的自由发展的潜能"①；第二方面的努力是调和感性与理性的冲突，性欲升华为爱欲。马尔库塞认为，爱欲不同于性欲，它不但使人感受到真正和持久的快乐，还能建立新的社会关系。在他看来，真正的爱欲是以"人格的爱欲化"为核心目标的，所以从根本上摆脱了对本能的压抑和控制，可以建立起自由、持久的生存关系。"在爱欲的实现中，从对一个人的肉体的爱到对其他人的肉体的爱，再到对美的作品和消遣的爱，最后到对美的知识的爱，乃是一个完整的上升路线。"②

第二，人的感性的解放。马克思主义认为，人的本质是一切社会关系的总和。换句话说，社会性是人的本质。但在马尔库塞看来，感性是唯物主义的基础，是人的本质规定的中心。他认为，人的一切活动都要在对象性活动中通过自己的感觉器官与外部世界发生接触，感性虽由社会环境塑造，却是社会的基础性因素。在资本主义条件下，由于人的对象化活动即劳动存在一种固有的压抑性，人的丰富的肉体感觉和精神感觉被拥有的感觉所替代，所以，绝大多数人处于一种异化状态。马尔库塞展望了与资本主义社会相对的非压抑性的生存方式，那就是蕴含新感性的生活。他认为，新感性不仅是一种人们所奋力追求的崭新的生活方式，还是一个集安宁、美丽、人与自然和谐相处、人与人和谐共处于一体的新天地。同时，马尔库塞肯定艺术和审美在塑造新感性中的重要性，"艺术将永远是这个世界的对抗性的组成部分"③。由于资本主义已经造成了社会的严重异化，只有艺术和审美能渗透到尚未被异化的部分，从而为改造社会提供更多可能性。

从根本上说，马尔库塞所倡导的是一场"意识革命"或"本能革命"，强调以人的爱欲的复活和人的感性的解放来反对现代工业文明对人的本能的压迫和奴役，通过彻底改变人的本能结构建立起理性与本能的新联系，实现

---

① 〔美〕赫伯特·马尔库塞：《爱欲与文明》，黄勇、薛民译，上海译文出版社，1987，第143页。

② 〔美〕赫伯特·马尔库塞：《爱欲与文明》，黄勇、薛民译，上海译文出版社，1987，第147页。

③ 〔美〕赫伯特·马尔库塞：《审美之维》，李小兵译，生活·读书·新知三联书店，1989，第189页。

人的解放。可以看出，这是一条从感性解放到人的解放，再到社会解放的解放之路，为社会变革打下深厚的人性基础。马尔库塞关于人的感性的规定有别于传统马克思主义的观点；同时，这种对人性的认识也反映出他对西方传统思想中将人的本质规定为理性的否定，可医治现代文明给人类造成的创伤。然而，这种认识将蕴含于感性之中的社会性和实践性置之不顾，虽然设想十分美好，但是偏离了人的本质规定，将感性解放抽象为空洞的理论形式。

二　健全的人与健全的社会

弗洛姆（Erich Fromm, 1900~1980）是法兰克福学派最早的代表人物之一。他关于异化问题的思考既吸收了马克思主体与客体相对立、相分离的异化概念，又借鉴了弗洛伊德的精神分析方法，站在人道主义立场批判资本主义国家的社会现实。其在《马克思关于人的概念》《健全的社会》《逃避自由》《占有还是生存》等著作中都强烈表达了对现代社会人的异化困境的忧虑和关切。

（一）创造性的爱

现代社会，人面临两难的处境，一方面，人们内心渴望摆脱孤独、获得自由；另一方面，现实情况使人与人越来越疏远，又将人置于新的孤独、新的枷锁之中。在弗洛姆看来，自由一方面给人带来了前所未有的独立和理性，另一方面又使人陷入前所未有的孤独，这种孤独感使人软弱无力、充满焦虑、难以忍受。在这里，弗洛姆意识到现代资本主义社会对人的心理结构带来的双重影响，但是，他认为现代社会中普遍存在的依赖型人格与顺从型人格本质上是"逃避自由"的病态心理机制，这种将个体独立性让渡给外在权威的选择，不仅导致主体性的消解，更使人类陷入异化的生存困境。他主张保存个体独立性，鼓励人们真诚地表达情感和表现情绪，维护尊重个性和个人潜能发挥的积极自由。

积极的自由表现为自发性活动、创造性活动和总体性活动。人们在活动中不被强迫，充分彰显自己的意志、情感、理性，并且从总体上认识自身。

弗洛姆认为，这种自由是基于一种以爱为基础的心理状态，这种爱既不以与他人同一化为主旨，又不以完全占有他人为目标，而是在保留自己个性与肯定他人独立性的前提下与他人自然而然地合为一体。"爱就是在保持自我的独立与完整的情况下与自身之外的他人或他物结合在一起。"① 人的能动性的爱，体现为人与他人、人与自身、人与自然的主动的、富有创造性的关系，弗洛姆称之为"创造性的爱"。"创造性的爱"具体包括四种态度：一是关心他人的成长和幸福，二是对他人的需要作出积极的反应，三是尊重他人的意愿，四是了解他人的本质和内心。总之，弗洛姆希望通过创造性的联系寻找人与人之间融洽相处的道路，即合群性与自由个性二者兼得的中间道路。在此之下，交往不再是被迫的交往，而是一种创造性活动。

（二）健全的人

弗洛姆形象深刻地描绘了现代资本主义社会中人的悲剧现实和凄惨画面：资本主义社会造就了符合其需要的人的性格特征，这就是"组织的人"、"机器化的人"、"消费人"、具有"商品销售性格"的人。首先，异化是一种体验方式。弗洛姆虽然承认马克思指认的异化劳动的基本规定，但是他所谓的异化已不完全是马克思所指的异化，更多是一种体验方式。所谓体验，通俗来讲，就是内心的感觉。弗洛姆在分析交往异化时的一个显著特点就是在社会现实因素的基础上添加了心理分析的元素，充分揭示出与人的心理结构和社会塑造的品格相关的不合理的现象。其次，异化是人的存在方式。弗洛姆认为，人的存在与人的本质相分离是交往异化的根本原因。"异化概念植根于存在和本质的区别之上，根植于这样一个事实之上：人的存在与他的本质的疏远，人在事实上不是他潜在地是的那个样子，或者，换句话，人不是他应当成为的那个样子。"② 面对这种公共的和个人的存在相分离的窘境，他也提出了具体的解决办法：收回社会力量，重建社会共同体，增加人的社会情感，进而使人的个人存在和社会存在达到统一。

---

① 〔美〕艾里希·弗洛姆：《健全的社会》，孙恺祥译，上海译文出版社，2011，第24页。
② 〔美〕艾里希·弗洛姆：《马克思关于人的概念》，载《西方学者论〈1844年经济学哲学手稿〉》，复旦大学哲学系现代西方哲学研究室编译，复旦大学出版社，1983，第59页。

弗洛姆认为，人必须同他人建立关系。但是这种关系的建立不能以丧失人的独立性和完整性为代价，而是要以友爱的方式将人与人完美地结合起来，使人既能够保持自身的独立性和完整性，又能和他人融洽地联系在一起。为此，弗洛姆着眼于人的性格特征和创造能力的发挥，提出了扬弃异化的构想。在弗洛姆看来，健全的人就是精神健康的人。弗洛姆所言的"精神健康"强调了爱和理性的作用，"只有当他发展了他的理性和爱的能力，只有当他能以人的方式来体验自然界和社会之时，他才会感到自在、安全，感到是自己生命的主人"①。当一个人善于"建设"精神，具有理性客观的眼光，既能认识到自身的独一无二，又能友好地与他人联系在一起，不屈从权威又乐于认同合理的权威，不断地完善自我，感恩生命，他就是一个精神健康的人。追求精神健全是人的本性，只要将妨碍人的这一本性的倾向遏制住，人的本性就会自然而然地彰显出来。

（三）健全的社会

弗洛姆认为，一个人的精神健康与否取决于他所处的社会结构的状况。社会因素既能够促进人爱他的同胞、发展理性的能力、促进人的健康发展，也能够使人与人之间相互憎恨、互相利用、互不信任，阻碍人的健康发展。质言之，人的精神健康状况由所处的社会状况所决定。因而，弗洛姆仔细考察了社会与人的本性之间的关系，揭示出现代社会的致病机理，也给出了诊断社会和扬弃异化的方案。②

在《健全的社会》一书中，弗洛姆提出了健全社会的构想，详细描述了其结构特征，弗洛姆明确指出，健全的社会是指精神健全的人组成的社会。在这个社会里，没有人是别人用来达到其目的的工具，每一个人都有着自己的目的。因此，每个人都只出于展示自己作为人的力量这一目的而利用他人或自己，人是中心，一切经济的和政治的活动都服从于人的成长这个目标。这个精神健全的社会有以下几个特征：一是，一个人不是另一个人用来达到

①　〔美〕艾里希·弗洛姆：《健全的社会》，孙恺祥译，上海译文出版社，2011，第55页。

②　参见〔美〕艾里希·弗洛姆《健全的社会》，孙恺祥译，上海译文出版社，2011。

其目的的工具，每一个人的自为目的是首要目的，人是一切经济活动和政治活动的中心；二是，贪婪、剥削、占有虽是人的本质，但是在精神健全的社会人们无法将这些品质用于获取更多的物质利益或提高个人威望；三是，社会中基本的、必要的品质是顺从良心，摒弃机会主义和无原则等自私自利的行为；四是，社会事务离不开个人的广泛参与，正因为个人参与了社会事务，社会的事成为个人的事，人与自身的关系和人与他人的关系紧密相连，同时，健全的社会将促进、激发人参与社会事务的意愿和潜能，使人积极又负责地参与社会生活，并且成为自己生活的主人。总而言之，精神健全的社会不仅鼓励社会成员之间友爱和睦，促进人与人之间融洽团结，还能以艺术的形式或仪式充分表达人的内心需要和感受，从而使人们在现实社会中展现创造性思维和开展创造性活动。为了实现健全的人与健全的社会的构想，弗洛姆详细描绘了实施方案。首先，经济方面，创造工人参与管理和共同负责的新的劳动环境；其次，在政治方面，保障人民权益，建设和完善民主制度；最后，文化方面，弘扬人本主义文化观念。

三　建立重生存的交往方式

《占有还是生存》是弗洛姆写于晚年的一本重要著作，整体上沿袭了《逃避自由》和《健全的社会》关于现代社会造成人心理结构异化的批判路径，同时是对"如何培育健全的人"和"如何培育健全的社会"作进一步阐发，启示人们从人的基本生存方式分析人的性格结构，指出重生存的交往方式才是现代人摆脱交往异化的正确出路，这可以说是弗洛姆扬弃异化思路的"加强版"。

弗洛姆认为，人的基本生存方式可以分为两种："重占有"的生存方式和"重生存"的生存方式。这两种生存方式存在着明显的差异："重占有"的生存方式是对现有的存在物的占有和消费，不能体现人的主体性和创造性；而"重生存"的生存方式是对非给定的存在物的占有和消费，充分体现了人的创造力和本质力量。人的这两种基本生存方式构成了人的基本性格结构，其中，占主导地位的性格结构将决定一个人的思想、感情和行动。

在人与人的言谈交往中，两种生存方式是截然不同的。重占有的生存方式表现为要么坚持自己的主张，要么依据谈话对象的不同情况区别对待。而重生存的生存方式在谈话中表现出自发性和丰富的创造性，充满自主精神而且生动活泼。弗洛姆认为，这样的人"不做任何准备、不夸耀自己、所做出的反应都是自发的和创造性的"，"他的举止行为与前一种人是截然不同的。这样的人忘记了自身，忘记了他的知识和地位；他的自我不是其发展的障碍；恰恰是因为这个缘故，他完全可以适应别人和别人的思想观念。"①

在人与人的情感交往中，弗洛姆认为要区分两种不同的爱：一种是重占有的爱，一种是重生存的爱。重占有的爱是以一种重占有的生存方式体验到的，是对爱的对象的限制和束缚，用弗洛姆的话说，"不是去相爱，而是去占有他们共同拥有的东西：钱、社会地位、一所住宅和子女"②。重生存的爱是把爱当作一种创造性的活动，怀着爱的情感去行动，在情感交往中真正唤醒爱的对象。弗洛姆批判了现代社会爱情成为人的占有物、把许多物品视为爱的等价物的现象，批判了人们重占有的性格特征，但是对夫妻关系的概括过于绝对，把婚姻状况看得过于悲哀，难免陷入悲观主义论调。

要扬弃现代社会人与人之间交往的异化状态，就要超越重占有的生存方式，从重占有的交往向重生存的交往转变。弗洛姆认为，独立、自由和具有批判精神的理性是重生存的交往方式的前提。他强调人的生存的主动性，倡导人要发自内心地积极主动地去生存，并创造性地运用自己的力量。人生来就希望获得真正的生存，就愿意与他人合作，为此，弗洛姆详细描述了他所期望的超越异化的"新人"以及由"新人"所组成的"新社会"。在《占有还是生存》中，弗洛姆列举了非异化的"新人"的性格结构 21 个方面的特征和"新社会"的 13 个主要特征③。"新人"的主要特征可以总结为"克服"和"发展"两个向度。首先是"克服"：克服一切形式的占有，克服贪

---

①　〔美〕弗洛姆：《占有还是生存》，关山译，生活·读书·新知三联书店，1989，第 39 页。

②　〔美〕弗洛姆：《占有还是生存》，关山译，生活·读书·新知三联书店，1989，第 52 页。

③　详细特征参见〔美〕弗洛姆《占有还是生存》，关山译，生活·读书·新知三联书店，1989，第 179~205 页。

欲、仇恨和不切实际的幻想，克服自恋心理，克服欺骗别人和自欺欺人的行为。其次是"发展"：发展对自我的认同感和自信心，发展积极的创造性，发展展现自身和参与的能力，发展奉献与分享的精神，发展爱和批判的能力，发展人的个性，发展想象力，不断认识自我、实现自我、丰富自我。在"新人"的基础上成立的社会就是"新社会"，弗洛姆从经济、政治、文化等方面构想了"新社会"的详细特征。从弗洛姆的"新人"和"新社会"的特征来看，他重点强调了用爱和敬畏对待生命，要努力培养和发展人们爱的能力，掌握批判和理性的思维能力，充分彰显个性，目的在于放弃一切形式的占有，实现全面地生存。

总之，弗洛姆关于交往异化的经验式理解和生动化解释，以及对人和人性的充分阐释对理解当今社会生活有着重要的借鉴意义。例如，他不把人的存在看作手段而是奉为目的，关注人的内心世界，关注孤独、寂寞、压抑、无助等一系列人的生存状况，强调回归人的本性，强调人与人之间要以爱为纽带，弘扬以爱和理性为中心的人的精神内涵；又比如，他对消费异化、人与人关系的异化进行了尖锐的批判，为理解马克思主义的社会批判理论提供了一个崭新的视角；还比如，关于未来的"新人"与"新社会"，弗洛姆给出了明确具体的操作方案和全面细致的环节构想，使自己的社会批判理论具有更多的操作性和针对性；等等。这些启发性的思考有助于我们分析和看清当今资本主义社会中人的生存困境和其他社会现实问题，从理论上进一步拓展了异化问题的研究广度和深度。

然而，弗洛姆关于异化、交往异化的理解始终是以人本主义视角展开的。首先，弗洛姆在更宽泛的意义上理解马克思的异化概念。对他来说，异化无孔不入、无时不在，甚至提出人类的历史就是一部异化的历史。当今社会的异化无论从程度上说还是从范围上说，都已经远远超出了马克思当初的判断，毕竟在《1844年经济学哲学手稿》时期，马克思并未将异化扩展到如此普遍的范围，只是在与劳动有关的生产活动和交往活动之中进行讨论。其次，弗洛姆对交往异化的理解脱离了社会经济基础，走向了形而上的歧路。在弗洛姆那里，异化表现为人作为与客体相分离的主体被动地体验世界。这种异化完全是人的内心感觉，属于心理活动或意识活动的范畴。从心理体验理解异化显然把异化概念抽象化、主观化了，无益于解决当今资本主义社会的种种问题。最后，弗洛姆在扬弃交往异化的方案上陷入乌托邦的泥沼。由于受理解前提的影响，尽管弗洛姆对异化现象的批判分析"面面俱到"，但是全而不深、大而不精，其没有找到异化问题的历史发展规律和深层结构逻辑，只是徘徊在人的性格结构和心理机制层面，所以在如何消除异化问题上，只是从心理层面、情感层面提出浪漫主义和乌托邦式的设想，并未从根源上找到解决资本主义社会异化问题的有效办法。所以从本质上看，弗洛姆的异化理论仍然是抽象的、思辨的，脱离了具体的社会存在，尤其是脱离了现存的资本主义生产关系，从而无法把握真正的客观事实及其背后的深层次原因。

第二节　媒介维度：技术理性批判与新理性的生成

现代科学技术的发展速度是史无前例的，我们所处的时代就是一个科学技术飞速发展的时代。科技创新与科技进步深深地影响着现代人的生产方式、生活方式、交往方式，改变着人们的价值理念和思维方式。技术的发展及应用为社会交往提供了更加便利、高效的条件，它原本只是一种沟通的方式，却反过来改变了交往的目标与内容，主宰了人的生活和人与人之间的关系。技术的进步使交往的效率得到最大限度的提升，却也容易遮蔽交往的本质，使人与人之间交流的体验变差，温情关系削弱。没有触及交往本质的技术发明是有两面性的。正是基于此，20世纪哲学界兴起了规模宏大的技术理性批判思潮，技术理性批判也成为20世纪主流批判哲学之一，许多思想家从不同角度揭示了技术异化的深层危机，其中法兰克福学派的霍克海默和阿多诺、马尔库塞、哈贝马斯等人关于技术理性的分析和思考更为全面、系统，也更具有代表性。他们提出的见解对我们克服现代性的交往异化问题具有重要的启发性意义。

一 技术理性的统治

人类从传统社会步入现代社会以来，已经经历了三次重要的科技革命，这三次科技革命对人类发展进程的推动作用是非常重要的，人类因此进入空前的大变革时代，从蒸汽时代到电气时代再到信息时代。人类因为充分运用了发达的科学技术，极大地满足了多个方面的需求。科学技术使人类的活动空间或活动范围得到空前的扩大，使社会生产效率有了很大的提高，主体拥有了更多的自由时间和自由空间，人的主体性极大地提高了，这些为人的全面发展奠定了基础。人们陶醉在便利便捷的生活之中，"科学技术万能"逐渐成为大多数人的共识，科学技术日益成为支配和控制人们各种活动、行为的重要力量。与此同时，人们在科学技术理性的统治下，主体性濒临丧失，其思想、意志正在被腐蚀。

技术理性在现代社会已经成为一种新的具有合理性的统治形式。传统的资本主义是以商品的生产与售卖来开辟世界市场、从事对外贸易、进行殖民战争、夺取对世界的统治地位，这是一种显性的、直接的统治形式。但是，科学技术理性却是以一种隐形的、非直接的方式进入人们的生活世界，悄无声息地支配、控制人们的思维和行动。技术理性对于现实生活世界中的人来说，是具有合理性和合法性的，因为现实生活中的大多数人不会轻易排斥技术理性给人带来的便利、实惠。

发达工业社会中科学技术创造了惊人的物质财富，对社会发展产生了重要的影响。同时与大众传播媒介相结合的科学技术越来越成为一种超意识的异化力量，消解人的主体性。在被技术理性统治的世界，主体间的合理的、平等的交往被消解了，物的关系取代了本属于人自身的关系。科学和技术越来越显示出超越一切行为的独立性、压迫性，技术统治不仅越来越鲜明，而且日益走向合法化，成为一种意识形态。霍克海默较早地提出科学技术是意识形态的论断，他指出不仅形而上学是意识形态的东西，对工业和社会发展产生重要推动作用的科学技术也是意识形态的，由于科学技术日渐显示出异化性质和统治功能，其发展陷入深刻的危机，"任何一种掩盖社会真实本性的人类行为方式，即便是建立在相互争执的基础上，皆为意识形态的东西"①。马尔库塞认为，现代社会中科学技术越来越获得一种统治形式，成为与群众相脱离、具有合法性的意识形态新形式。② 哈贝马斯继承了霍克海默和马尔库塞的基本观点，同样认为科学技术的发展对社会产生巨大影响的同时也获得了统治的合法性功能。不仅如此，哈贝马斯还全面、客观、深刻地揭示了科学技术的意识形态性质，他认为，今天的统治与以往的统治相比有过之而无不及，传统的统治形式是基于政治的统治，其合法性基础是政治合法性，而今天的统治形式是基于技术的统治，其合法性基础是科学与技术。"现在，第一位的生产力——国家掌管着科技进步本身——已经成了〔统治的〕合法性的基础。而〔统治的〕这种合法性形式，显然已经丧失了意识形态的旧形态……无论是新的意识形态，还是旧的意识形态，都是用来阻挠人们议论社会基本问题的。"③

二 新理性与新技术

启蒙精神伴随着对理性的崇拜和对人性的张扬，意味着人类结束了受自然和神话奴役的命运，但是启蒙精神并未兑现自己的诺言——实现人的普遍自由、人的本质力量的增强。在技术理性统治的世界中，人生活在一个普遍异化的世界之中。霍克海默和阿多诺在《启蒙辩证法》中揭示了技术理性带来的异化问题。他们认为，对技术理性和科学知识高度重视的启蒙精神忽视了人的主体性，在这种精神理念之下，人被视为无主体性的客体，主体与主体的关系降格为主体与客体的关系，人的关系变成了物的关系，人与人的友好关系变为相互敌对、冲突、矛盾的关系，交往走向了异化。"每个人都是一个材料，某种实践的主体或客体，人们可以用他来做什么事，或者不能用他来做什么事。"④

---

① 〔德〕马克斯·霍克海默：《批判理论》，李小兵等译，重庆出版社，1989，第5页。
② 〔美〕赫伯特·马尔库塞：《单向度的人》，刘继译，上海译文出版社，2008，第180页。
③ 〔德〕尤尔根·哈贝马斯：《作为"意识形态"的技术与科学》，李黎、郭官义译，学林出版社，1999，第68~70页。
④ 〔德〕马克斯·霍克海默、特奥多·阿尔多诺：《启蒙辩证法（哲学片断）》，洪佩郁、蔺月峰译，重庆出版社，1990，第241页。

不仅如此，人不再是创造性的存在，人的活动也不再是创造性的活动，而是机械的、受控的存在与活动。"不仅对自然界的支配是以人与所支配的客体的异化为代价的，随着精神的物化，人与人之间的关系本身，甚至个人之间的关系也神化了。个人变成了事实上必然表现出来的习俗活动和活动方式的集中表现点。"①

马尔库塞在《历史唯物主义的基础》《单向度的人》等论著中，对技术理性在现代社会中的支配地位表达了担忧，对资本主义社会的异化现象进行了言辞激烈的批判。现代科学技术在改善人生活质量的同时，也使人付出高昂的代价，那就是技术实现了对社会的统治、对人的奴役。弗洛姆认为，现存的技术系统具有非人道化的前景，在他看来，现代技术系统的非人道化根源于两个坏的指导原则。与马尔库塞等人不同，法兰克福学派代表人物哈贝马斯没有通盘否定技术进步导致的人的异化。他也看到技术对个人自由施加的控制，但是哈贝马斯认为这一问题源于现代社会体制，即生活世界的殖民化。

技术理性虽然正确反映并把握了事物的客观规律，极大地改善了人的物质生存条件，但是又使人深陷被统治、被奴役之中。马尔库塞认为，技术异化的主要原因是社会内在的否定理性被消解，被肯定理性所取代，要消除技术理性的操控状态，扬弃技术异化，就需要一种新理性的产生。这种新理性强调价值和艺术对科学技术的重要作用，并将其融为一个整体。马尔库塞所谓的新理性是一种包括科学、技术、价值、艺术等各种内容在内的理性形式，以新理性实现科学理性、技术理性、价值理性、艺术理性的高度统一。

以新理性指导的技术被称为新技术。马尔库塞认为，现行的科学技术已经带有严重的意识形态色彩，沦为政治统治的工具。若要对社会进行根本的改变，就必须对科学技术进行彻底再造，形成一种新技术。② 新技术必须构筑在人的价值理性之下，受价值理性而非工具理性的控制和指导，这样，新技术不仅摆脱了原有技术的工具主义色彩，彰显人文关怀，而且促进人与自

---

① 〔德〕马克斯·霍克海默、特奥多·阿尔多诺：《启蒙辩证法（哲学片断）》，洪佩郁、蔺月峰译，重庆出版社，1990，第24页。

② 〔美〕赫伯特·马尔库塞：《单向度的人》，刘继译，上海译文出版社，2008，第180页。

然、人与人、人与社会的和谐共处。马尔库塞对新技术的再造主张中渗透着技术服务于人的思想，面对技术由手段异化为目的的现实，强调人的价值和人的主体地位，人的发展才是科技发展的最终目的。马尔库塞关于新理性和新技术的构想不免有偏颇或不合理之处，但至少为我们扬弃交往异化提供了有益借鉴，那就是要辩证看待技术在人的交往中的作用，使技术服务于人。

三　双向度的人与双向度的社会

《单向度的人》是马尔库塞把现代技术与资本主义社会结合起来分析的一本书，他认为发达的资本主义社会是一种单向度的社会，在这样的社会环境下，经济、知识、思维、观念等，各方面都是单一向度的。工业文明下劳动机械化程度的提高并没有从根本上改变工人阶级受奴役的地位，而只是改变了奴役的形式，即由肉体的奴役转变为心灵的奴役。

马尔库塞认为，现代工业社会的人不是具有辩证性、否定性、双向度的人，而是表现出非辩证性、肯定性、单向度。在现代工业社会，科学技术上升为社会的意识形态，对人进行全面的操控和支配。人们对于一切事物、行为的需求，包括交往活动和交往行为的需求，都源自现代技术所强加在人身上的"虚假的需求"，主体间的情感结构被高度"同一化"，即爱憎体验不再源于自我的真实价值判断：自己的爱或恨，成为别人的爱或恨；反之，别人的爱或恨，成为自己的爱或恨。这种需求是受外界所支配的（或说是他治的），这些需求即使可以全部转化为人本身的需求，在一定的生存条件下甚至被强化，但是归根到底是"压制性需求"——压抑个人的心理。那么，对这种"需求"的满足必定是"虚假的满足"。马尔库塞认为这些虚假需求与虚假满足让人们失去了自我选择的自由，使人完全处于一种被奴役或者异化的状态，用他的话说，"相互对立的意义不再互相渗透，而是互相隔离；历史的向度在意义的重大争议中被扼杀"[①]。

在发达工业社会中，社会需求向个人需求的移植是非常有效的，日常生

---

① 〔美〕赫伯特·马尔库塞：《单向度的人》，刘继译，上海译文出版社，2008，第83页。

活的私人领域不断被技术的统治所侵犯，社会生产和分配的对象被视为"总的个人"，而不是"单一的个体"，这样，个人与他所处的社会实现同一，而且这种同一是一种直接的、自动的同一。在马尔库塞看来，当今的工业社会俨然已成为一个极权主义社会，它不许反对意见的出现，人们心中的否定性、批判性和超越性向度被彻底压制，人们丧失了思辨性与丰富的个性，完全沦为工业文明所主宰的奴仆。最终，这个社会成了"单向度的社会"，生活在其中的人成为"单向度的人"。

马尔库塞在对发达工业社会的单向度的本质特征进行分析后，并没有止步于此，面对当代资本主义社会的普遍异化问题，他尝试为历史寻找替代性选择方案。

首先，他认为异化的根源在劳动活动本身，这一点上其与马克思紧紧站在了一起。异化劳动不仅是经济事实，而且"它也证明了劳动者怎样通过他的外化'造就'了非劳动者，从而也'造就'了对私有财产的统治，以及劳动者怎样在异化之初而不是在得到解放以后，就把命运掌握在自己手中的"①。

其次，马尔库塞认为，异化的扬弃不是一次性完成的，而是一种开放的、发展的历史过程。与人相对立的对象并非源于内在本质，而是以外部异化的形式呈现的。要克服这种异化，就必须通过批判性的社会实践，在历史进程中重新占有对象化的劳动成果。这一过程是开放性的、历史性的，且依赖对现存社会结构的否定和超越。他只有"通过'否定之否定'，即通过废除他的外化和从他的异化中复归，他才能达到一种普遍的和自由的现实"②。

最后，马尔库塞的社会批判理论实质上是对人的本质和人的历史的呼唤。他认为，批判概念并不是简单的经济学概念，而是在人类历史中生成的重要概念。所以他所主张的是实现整个人类历史的革命化，而这一设想只有通过对人的现实的真正占有来实现。可见，马尔库塞从人的本质和历史来考

---

① 〔美〕赫伯特·马尔库塞：《历史唯物主义的基础》，载《西方学者论〈1844年经济学哲学手稿〉》，复旦大学哲学系现代西方哲学研究室编译，复旦大学出版社，1983，第129页。

② 〔美〕赫伯特·马尔库塞：《历史唯物主义的基础》，载《西方学者论〈1844年经济学哲学手稿〉》，复旦大学哲学系现代西方哲学研究室编译，复旦大学出版社，1983，第129页。

察人的境况与实践，期望通过人类历史的革命化方式回归人的本质和人的历史。

第三节　规范维度：交往合理化与历史唯物主义的重建

哈贝马斯（J. Habermas，1929~ ），当代最具影响力的哲学家、社会学家、思想家之一，是法兰克福学派的第二代主要代表人物。针对工业文明在现代西方社会的崛起，哈贝马斯深刻认识到自我反思式的主体意识哲学已经无益于为实现启蒙的现代性理想提供合理的基础，因而视线从卢卡奇等老一代法兰克福学派形而上的社会批判理论中转移出来。他拒绝纯思辨的形而上的思考，提出重建马克思的历史唯物主义的历史任务，从交往关系的负面效应揭示了现代社会人际关系的不合理性，试图构建基于语言理解的社会交往行动理论。从这个意义上而言，哈贝马斯延长了法兰克福学派的理论寿命，对该学派的发展和现代西方哲学的发展产生了十分重要的影响。哈贝马斯在《交往与社会进化》《重建历史唯物主义》《交往行动理论》等著作中，重点阐述了他的交往行为理论和重建历史唯物主义的主张，提出"交往理性"的恢复是现代社会问题得以全面解决的根本之策，试图建立相互理解基础上的合理化交往方式，并在交往活动基础上重建历史唯物主义。

一　为"交往行为"正名

在《交往与社会进化》中，哈贝马斯明确阐述了劳动与交往的差异性问题。在哈贝马斯看来，科学技术异化的真正原因并不是像马尔库塞所说的"技术理性本身具有压迫性"，而在于工具理性（劳动）对生活世界（交往）的殖民化。在针对如何解决技术异化问题上，他反对把交往归并为以劳动为代表的工具活动，突出强调以沟通和理解为主要内容的交往活动。首先，劳动与交往存在明显的差异性。劳动是一种"目的理性"调节下的活动，目的理性活动的基本特征是在既定的条件下，明确的目标得到实现，强调行为目的、手段、结果的一致性；交往是一种"交往理性"调节下的活动，交往理性活动的基本特征是在有效的规范内，主体间通过语言、符号媒介相互作用，强调行为的交互性、有序化、合作化。其次，赋予交往以优先性。哈贝马斯认为，与劳动相比，交往活动具有更重要的价值和地位，原因在于劳动主要强调的是人对自然的改造，主要指向的是人与自然或者主体与客体之间的关系；而交往主要强调的是人与人互动，主要指向的是主体与主体的关系或者主体间性。就人本身的发展而言，合理平等的交往更为重要，人与自然的相互作用必然要以人与人的相互作用为前提和条件，主体与客体间的关系要服务于主体间的关系。最后，劳动的"合理化"直接导致交往行为的"不合理化"。哈贝马斯认为，由于晚期资本主义大力推进科学技术发展，劳动的"合理化"日趋实现。但是，劳动的"合理化"并不是建立在主体间交往理解基础之上，忽视甚至削弱了交往行为，使人的关系降格为物的关系，人成为促进劳动"合理化"的工具，社会生活的方方面面被目的理性活动所统辖，"在目的理性的活动以及相应的行为范畴下，人的自我物化代替了人对社会生活世界所作的文化上既定的自我理解"①。

与法兰克福学派的其他成员相比，哈贝马斯不仅对交往异化的社会根源进行了深入的分析和阐释，还具体提出了扬弃异化的思路和方案。在哈贝马斯看来，要从根本上扬弃现代社会的交往异化，就要真正使主体间相互理解和承认，实现交往行为的合理化。

（一）普遍语用学的启发

哈贝马斯认为，语言理解在交往行为中占据核心地位。"在交往行为中，语言理解的共识力量，亦即语言自身的约束力能够把行为协调起来。"② 交往行为，从本质上说，就是一种言语理解行为，或者是一种言说行为。从这个意义上而言，交往行为就是在普遍性规范的基础上，交往主体之间通过语言符号产生交互性作用。理想的言语情境必须具备两个条件：规范性条件和资

---

① 〔德〕尤尔根·哈贝马斯：《作为"意识形态"的技术与科学》，李黎、郭官义译，学林出版社，1999，第63页。

② 〔德〕于尔根·哈贝马斯：《后形而上学思想》，付德根等译，译林出版社，2001，第68～69页。

质性条件。

其一，交往主体必须遵守的言语有效性的规范。普遍性的规范也是言语使用的规范。为此，哈贝马斯提出增强言语有效性的四个基本要件，即可领会性、真实性、真诚性和正确性。参与交往活动的任何主体都必须严格遵守这些要件。这四个要件分别对应交往行为的四个基本领域，即语言本身、外在自然、内在自然和社会。那么在此基础上作为沟通和交流功能的语言，本身的功能在弱化，甚至逐渐演变成与主体相脱离的具有操纵性的工具。

其二，交往主体必须具备一定的交往资质。交往资质和交往能力的获得对于交往的合理化构建是十分重要的。交往资质包括：选择陈述性语句的能力、表达言说者本人的意向的能力、实施言语行为的能力。这是哈贝马斯提出普遍语用学的一个基本前提。通过对普遍语用学的理解和阐释，哈贝马斯实现了从技术理性到交往理性的思维转移，突破了技术异化的技术理性依赖，重点突出交往理性的地位和作用，为提出交往行为的合理化的理论作了充分的铺垫。

（二）确立主体间性范畴

建立合理的交往模式的核心议题是建立"主体间性"。哈贝马斯提出，由平等的、合理的"主体—主体"结构（"主体间性"结构）取代不平等的、不合理的"主体—客体"结构，而这一取代的转换过程正是社会进化的历史过程。用哈贝马斯的话说，"通过语言建立的主体间性结构——该结构能在与基本言语行为的关联中，接受标准化检验——乃是社会系统与个体系统的条件"①。哈贝马斯所期盼的不仅是合理的交往关系，更是一种合法的交往关系。合理的交往关系，就是强调主体间的平等与合理，建立基于语言的"主体—主体"的交往结构是合理的交往关系的基础；合法的交往关系，就是强调明确个体主体性的表达，"呈现事实，建立合法的人际关系，表达言说者自身的主体性"②。在这里，哈贝马斯强调的是，合理的交往行为确立在

---

① 〔德〕尤尔根·哈贝马斯：《交往与社会进化》，张博树译，重庆出版社，1989，第101~102页。

② 〔德〕尤尔根·哈贝马斯：《交往与社会进化》，张博树译，重庆出版社，1989，第69页。

主体之间的交往间性的交往理性基础之上，以交往主体之间的相互理解、互相沟通、彼此信任，形成一种交往共识，构建一种平等的、合理的交往关系。

（三）历史唯物主义的重建

在哈贝马斯眼中，传统历史唯物主义存在相当大的局限性，这种局限性在于过分强调生产力与生产方式在社会进化过程中的决定性作用，忽视了更为基本的道德规范问题。因此，重建历史唯物主义必须重新理解社会进化的动力机制。

传统的社会进化动力机制忽视了交往的重要性。在哈贝马斯看来，劳动、技术、生产力等要素虽是社会发展进步的重要推动力量，但不是衡量社会进步的唯一标准。人类社会的进化不仅仅在于与知识和技术有关的工具理性的规范，还在于与语言理解相关的交往行为的规范。交往行为的规则，简言之就是主体之间有效的、固定化、仪式化的交往行为规范。而规范的养成在于主体的学习，在哈贝马斯看来，主体的学习一方面是学习知识和技术，另一方面是学习道德和实践。道德和实践的学习比知识和技术的学习更为重要。这是因为，"这些学习过程乃是社会一体化的更为成熟的形式中、在新的生产关系中被沉淀化的，这种沉淀化使新的生产力的引发成为可能"[①]。道德与实践的学习将反作用于工具性知识的学习，有助于规避技术理性的危害。根据交往行为是否具备规范的普遍有效性，交往主体的交往资质和自我同一性分为"自然同一性""角色同一性""自我同一性"三个发展阶段。他认为，学习机制的根本宗旨是提高个体的道德发展水平，通过个体道德的发展促进个体主体性的发展和推动社会进化。

哈贝马斯广泛借鉴弗洛伊德的精神分析学，并将之用于分析晚期资本主义社会人的困境问题。在他看来，当代资本主义社会危机重重，人的交往越发不自由，"扭曲交往"日益严重。哈贝马斯认为造成这种后果的原因是系统对生活世界的全面入侵，科学技术、金钱、权力等要素取代语言成为人与人交往的主要媒介，并且支配了人们的交往行为，日益挤压交往理性的发

---

① 〔德〕尤尔根·哈贝马斯：《交往与社会进化》，张博树译，重庆出版社，1989，第101页。

展，使得工具理性成为评价行为合理性的唯一标准。

二 生活世界的合理重建

20 世纪，一些关注人的生存状态的哲学家不约而同地将研究兴趣转向"生活世界"，主张回归生活世界。作为一个哲学概念，其最早由胡塞尔提出。在马克思那里，生活世界是以物质生活为根基的现实生活世界。现代化所塑造的现代社会在影响深度和波及广度上是以前的所有社会秩序形式所不能企及的。现代性的事实改变了人们日常生活的全貌，吉登斯认为诸多发生改变的面貌中最根本的变化乃是相互关联的两极，一极是全球化，另一极是个人禀赋。现代批判精神的特质，用一个词概括就是"怀疑"，对日常生活的怀疑，对现存生活环境、生存状态的怀疑，这种思维渗透到哲学领域当中，形成了人们交往的一个总体的存在性维度。

不像后现代主义者所主张的那样，哈贝马斯并没有彻底否定理性的价值，而是诉诸主体性哲学的转变和理性的转换，使交往理性发挥更大的价值。交往理性是基于行动主体间的一种非强制性的意见一致，体现的是交往主体的包容、多维、对话与协商。哈贝马斯认为，要实现交往的合理化就应当重视生活世界理论。哈贝马斯把社会分为三大系统，即经济系统、政治系统、文化系统。这三个系统相对应的是"体系—生活"两层架构，经济系统和政治系统属于体系领域，文化系统属于生活世界。每一个系统都有相对应的媒介和理性来支撑。他指出，包括经济系统和政治系统在内的体系是以权力和货币为媒介的，其基础是经济组织和官僚机构，负责生产组织、管理公共事务，体系领域是以工具理性为支撑；而文化系统所属的生活世界是以语言为媒介的，其基础是人们的日常交往活动，负责人的行为取向和价值取向问题，生活世界是以交往理性为支撑。在哈贝马斯看来，正常的合理的社会应当是体系和生活世界各自按照各自的行进轨迹互不干扰自由发展，换句话说，每一个系统是相对独立的，所以，工具理性和交往理性也应当只负责其所对应的系统。但是在现代资本主义社会，交往的问题主要在于：工具理性肆意扩张，不仅在社会中占据了主导地位，还大大侵占了交往理性的空间。

哈贝马斯面对工业文明在现代西方社会的迅速崛起所引发的人与人之间的交往异化状态，提出了以语言哲学为出发点的交往理性合理化和现代性理论，完成了由社会实践到语言实践的人本主义转向，批判的目的是要"建立一个靠语言实践支撑着的交往社会，使人在语言交往中达到解放"①。哈贝马斯呼吁重新认识"工具理性"和"交往理性"的关系，警惕并限制工具理性的肆意扩张，关注交往理性，重新建立人们的生活世界。他指出，交往的异化是现代性最深层的异化，科学技术等文化力量的异化都是交往异化的延伸和拓展。从这个意义而言，扬弃科学技术异化的根本途径则在于突出交往行为理论的地位，构建基于言语行为的合理化交往模式。

哈贝马斯的交往理性显然是转向了另外一种研究范式。马克思是沿着"生产方式"的范式来一步步阐释人与自然的物质变化过程中所形成的人与人之间的各种社会关系，哈贝马斯遵循着"语言理性"的范式来构建人的社会行为和交往之间的关系。他关注人与人在话语表达和话语交流中的主体间性，既从宏观层面放眼于人类的自由全面发展，通过构建社会结构的合理化发展范式，深化了马克思交往理论的内涵，从现代性维度丰富了人类解放理论的当代阐释；同时，又关注生活世界的微观领域，创造性地提出以主体间性为核心的交往理性范式——通过建构理想的言谈情境、倡导对话伦理、强调相互理解与共识达成等理论命题，为马克思交往理论注入了新的时代内涵。

但是，哈贝马斯以语言为基础的交往行动理论依然存在明显的局限性。一方面，交往理性失去政治经济的根基。哈贝马斯所主张的不是生产力和社会分工决定社会交往，而是生活世界的符号更具有决定性意义，交往理性弱化、忽视了最基本的物质生产活动，单纯强调唯有交往理性和交往行为才能促进人类社会的发展，这种观点忽视了人类社会发展的主要因素，陷入了符号决定论、语言决定论、精神决定论。因为，交往不总是在语言交往相伴随下进行的，思想和语言仅仅是现实生活的表现。另一方面，交往理性从改良资本主义制度的角度提出，无意对资本主义社会制度做根本性变革。哈贝马

---

① 参见韩红《交往的合理化与现代性的重建》，博士学位论文，黑龙江大学，2004。

斯通过交往理性实现对资本主义制度的修修补补，没有触及不合理的所有制关系。

三 公共领域的结构转型

现代社会转型的一个显著特征是，个人逐渐从家庭、村庄、地域、宗法等天然共同体中解脱出来，随着主体意识和独立地位的不断增强，逐渐形成了平等的、理性的公共领域。公共领域的形成是现代性的主要标志和重要维度。阿伦特、哈贝马斯、沙夫等关注公共领域的结构转型，为我们今天看待交往异化问题提供了许多有启发性的建议。

阿伦特是较早地探讨公共领域问题以及从人本主义立场考察公共领域的政治哲学家。她认为现代社会的深重危机是自由的公共领域的衰落，要打破极权主义的黑暗就必须以抗争的方式建构自由和理性的生存空间。她把人类活动分为三类，分别是劳动、工作和行动。劳动体现的是对自然生存需要的满足，由于"劳动无需他人在场"，所以劳动对应的组织形式和制度安排是私人领域；与劳动相比，工作的自然属性较弱，人为属性较强，与人的创造性活动相关，对应的是具有某种公共性的社会领域；行动指的是交往行动，是对自然必然性和经济必然性的超越，体现不同主体的自由与创新，是真正的公共交往的活动。公共领域既要尊重个体的自由和独特性，又要保证主体间的平等交往。阿伦特反复强调共同在场的主体间的言语交往的重要性，"没有言说相伴，行动就不仅失去了它的揭示性质，而且失去了它的主体"①。可见，阿伦特所言的公共领域是一个充分体现个体性的自由的、平等的、理性的交往空间。

哈贝马斯认为公共领域是现代性的重要维度，他一方面强调公共领域的相对独立性和相对自律以保证对公共权力的制衡，另一方面强调通过公开的讨论、商谈、对话保证公众的自由、平等、民主的参与权利。他提出交往权利，交往权利是在公共领域内由社会成员的交往行为所组成的社会化力量。

---

① 〔美〕汉娜·阿伦特：《人的境况》，王寅丽译，上海人民出版社，2009，第140页。

由此可见，哈贝马斯并没有对人类文明唱哀歌，反而坚定地捍卫现代性。他给出的解决办法是通过理性化的生活世界对工具理性所造成的现代性的分裂进行整合，推动自由的、平等的公共领域的重建，这是建立在个体理性基础之上的启蒙的公共性。哈贝马斯交往行动理论的旨归在于以主体间性的交往关系建构交往理性，以交往理性的普遍性规范整合交往行动，进而保障私人领域和公共领域的和谐关系，促使生活世界保持合理化状态。

沙夫认为异化是人的活动对象化的一种特定形式，因此，各种形式的异化是可以通过一定条件、一定方式消除的。但是，沙夫认为私有财产的废除不会自然终结所有异化形式。这是因为，"在资本主义社会即使经济异化（其中私有财产是对经济异化的一种表达）决定了所有其他形式的异化，这也不意味着不存在其他原因——确保在不同条件下不会引起其他形式的异化"①。所以，沙夫不主张只是单纯从废除生产资料私有制来扬弃异化，他所期望的是在现实基础上充分考虑社会主义制度的整体构建以及向共产主义社会转变的现实可能性。

纵然当代西方马克思主义学者提出了扬弃交往异化的种种方案，显示出了对现代性背景下人的交往异化问题的深刻思考，但这些扬弃交往异化的设想都仅仅是从资本主义社会的某一个维度来阐释的：要么从主体维度思考性格结构异化的扬弃，要么从媒介维度分析技术理性的统治，要么从规范维度构想交往合理化的模式，始终徘徊在资本主义社会的表面，没有从根本上触碰到资本主义社会的神经，即资本，也就不能发现现代性危机的症结。不驾驭资本，不彻底颠覆资本逻辑的霸权，就不可能真正实现交往异化的彻底消解。马克思揭露了资本主义社会的一个重大事实，那就是资本主义生产方式创造出了巨大的财富和空前的繁荣，却造成了现代人精神状况的极度贫困。作为现实的人的交往活动，交往异化的主体是人，本质上是人的异化。质言之，交往异化是对人的本质的否定，人在交往活动中被压制、被控制，所以交往异化的扬弃，关键在于实现人的发展和解放。马克思现代性批判的独特

---

① 〔波〕亚当·沙夫：《马克思主义与人类个体》，杜红艳译，黑龙江大学出版社，2015，第131页。

之处就是在于为人的发展指明了现实的出路，那就是实现人的自由全面发展。这一点是其他思想家无法超越的。

第四节　方法维度：交往合理化路径的探索

交往合理化既包含着对交往异化问题的深刻反思，又包含着对交往合理性的深层探索，体现着哲学研究尤其是人学研究对人类基本生存方式的自觉关注和人文关怀。需要承认的是，交往异化是资本逻辑运行下的产物，交往的异化阶段是我们无法逃避的阶段。只有看清资本的本质和运行规则，学会利用和限制资本，自觉驾驭资本逻辑，自觉地建构合理的交往关系，才能使异化的交往变成自由自觉的活动。特别是加强对交往合理化的探索，在交往主体、交往媒介、交往规范的框架内进行合理的引导，形成平等、自由、自觉的交往实践。

一　提高交往主体的主体意识

交往是主体的内在需要，因而克服交往异化问题的首要之策是从交往主体本身入手，提高交往主体的主体意识。所谓人的主体意识就是"人自立为主体并对于自身的主体地位、主体能力、主体价值的一种自觉意识，是主体自主性和能动性的观念表现"①。主体意识怎样介入交往关系以及怎样影响交往实践，主体就会拥有什么样的性质，呈现什么样的形态。也就是说，交往主体能否表现出主动性、能动性、积极性，取决于主体意识对交往关系和交往实践活动的影响，也就是取决于主体意识的发挥。但是由于资本逻辑的影响，部分人在交往中道德失范，完全忽视了平等的交往对象的主体地位，不仅伤害了他人，也剥夺了自己客观认识交往活动的机会，扭曲自己的世界观和价值观，误入歧途。因而，探索交往的合理化思路，就需要从彰显主体意识入手，更具体地，是从发挥主体意识不可或缺的两个方面来讨论。

---

① 方世南：《主体意识不等于自我意识》，《哲学动态》1988 年第 8 期。

（一）提高主体的自主活动意识

人不仅是类存在物，更是有意识的存在物。在"有意识的生命活动"中，人的活动对象构成人的意识的对象，更重要的是，人的活动本身也构成人的意识的对象。正因为如此，人能够自觉占有自己的劳动本质，对自己的活动有一种自主性和能动性。我们每个人不仅是日常生活的主体，也是非日常生活的主体，无论在日常生活中还是在非日常生活中都既能恰当地、有限度地运用日常生活图式和重复性实践（思维），又能自觉地求助于创造性思维和创造性实践。这种创造性的思维和实践就是自主活动意识。自主活动意识包括主人意识和自主活动意识。主人意识就是人作为物的主人，而不是物的主宰，要实现"我的交往我做主"，真正成为交往活动的主人和自己的主人。自主活动的意识就是人在一切交往活动中所表现出来的个性、能动性、主动性、创造性，人在活动中不是刻板的、机械的，要体现"我的交往丰富多彩"。在现代交往活动中，物是必不可少的交往媒介，但是不能因为媒介的使用而忽视了交往主体的主体地位，或者凌驾于交往主体之上，受物的摆布和控制。市场经济的发展在推动社会进步的同时，也带来了拜金主义的蔓延。在这一过程中，物质财富的积累与交换被过度强化，甚至异化为社会交往的重要媒介，导致人的主体性在一定程度上被物化逻辑遮蔽。要像黑格尔所说，"自我意识是自在自为的"①，成为超越物之上的真正主体。

（二）提高主体的互为主体意识

人在交往活动中体现的主体意识，是人在交往活动中对自我地位、交往手段、价值规范等一系列问题的理性思索。交往的阶段按照主体的进步可以分为自在的交往的低级阶段、自为的交往的当前阶段，未来将是人真正以主体身份投身交往活动之中的自觉的交往阶段。在人的发展从自在的阶段到自为的阶段，并最终走向自由自觉的阶段的过程中，人在交往活动中的主体意识也会由萌发到不断觉醒，再到表现出自由自觉的状态。那个时候，人真正以交往主体的身份自由自主地参与到交往活动中，摆脱了"人的依赖关系"

① 〔德〕黑格尔：《精神现象学》（句读本），邓晓芒译，人民出版社，2017，第116页。

和"物的依赖关系",人的主体性的发展真正实现所谓"建立在个人全面发展和他们共同的、社会的生产能力成为从属于他们的社会财富这一基础上的自由个性"[1]。主体意识要求不仅要把自己看作交往的主体,更重要的是把交往对象视作主体,而不是实现目的的手段或工具。虽然在评价某个交往过程时有主客体之分,但是从交往主体一方的主观角度而言,交往主体的一方始终要承认另一方的主体地位,始终将其视作与自己处于同等主体地位的交往主体。换句话说,就是不仅要将自身看作主体的存在,还要把交往对象看作主体的存在。只有将交往主体的客体化状态彻底颠倒过来,使降格的主客体关系上升为主体间关系,才能结束人被物主宰的命运,真正实现人与人之间平等的、友好的、合理的交往。

是否有主体意识,主体意识的健全与否直接关系到人在社会实践活动中能否真正拥有自己的本质力量,能否真正体现人的主体性。事实上,人的主体意识不是生下来就健全的,随着社会实践的深入,人的主体意识也会经历从感性到理性的发展过程。但就目前来看,交往主体的主体意识停留在感性层面,在交往活动中体现出来的自主性、能动性和创造性还不强,并没有达到理性层面。交往主体的手段化、片面化、抽象化、冷漠化都是主体变为客体的具体表现形式,其本质都是主客体关系的彻底颠倒,主体意义的彻底丧失。只有增强主体意识的自觉,切实提高主体意识,真正确立人在交往活动中的主体地位,才能促使交往活动朝着健康、积极、自由的方向发展。

二 推动交往媒介的合理使用

资本逻辑是资本运行中的客观规律,我们没有办法完全抹杀其存在的客观事实,只有直面资本逻辑在市场经济中的存在,正视资本逻辑带来的机遇和挑战,才能更好地驾驭资本逻辑。当然,承认资本逻辑的客观存在是有条件的,这个条件就是必须把资本严格限制在一定的范围内,无论何时,资本都只是工具而不是目的。

---

① 《马克思恩格斯文集》第 8 卷,人民出版社,2009,第 52 页。

（一）摒弃交往的"资本中心论"

资本可以充分调动一切生产要素，推动生产力和生产关系的快速发展。从交往的历史演化来看，每一种交往方式的变迁与进步都离不开生产力的大力推动。只有大力发展生产力，顺应我国社会主要矛盾变化，不断满足人民日益增长的美好生活需要，才能为消除交往异化的负面效应奠定坚实的物质基础。所以，要利用资本的文明的一面推动生产力的发展。但是，人的交往活动却不能完全受资本的主导和控制，人是交往的主体与目的，资本是实现人的自由交往的手段。真正的交往应当是把人作为交往的主体，在交往关系中体现出一种主体与主体之间的平等关系，在交往活动中体现出一种自由和自觉的状态。一方面，明确资本与货币不是人们生活的全部内涵，人与人之间除了基于经济利益的物质交往，还有充实的精神交往和丰富多彩的文化交往等多种交往形式，也应当高度重视人与自然、人与社会、人与人、人与自我关系的和谐发展。另一方面，反对工具理性对交往理性的倾轧，走出以资本为中心的交往怪圈，在男女交往、亲友交往、医患交往、师生交往、官商交往等交往活动中努力限制资本，避免资本毒瘤的侵害。一句话，要学会限制资本、利用资本：限制资本的野蛮的、疯狂的一面，发挥资本的文明的一面，使资本为建设中国特色社会主义服务。

（二）发扬交往的"技术服务论"

诚然，人与人之间的交往要借助一定的手段或工具，交往技术手段的革新能够推动交往的全面进步和普遍发展。但是，技术的合理使用是一个关键性问题。如何利用技术手段提高人们的交往能力和交往水平，避免资本逻辑的控制和支配，是需要我们不断思考的重要问题。其中，需要关注的问题之一是，技术等交往媒介始终是一种交往的手段，手段要为目的而服务，并不是技术手段越发达越好，也不是技术手段使用得越多越好，而是要看技术手段能否真正服务好人的交往目的。需要关注的问题之二是，技术等交往媒介始终是一种交往的形式，形式要为内容而服务，只有与交往内容相符合、相适应的交往形式才能达到交往实践活动的最佳效果。总而言之，人们要在交往活动中恰当地、合理地运用交往技术，从高度依赖的交往媒介中解脱出来，摆脱以交往技术为主导的交往困境，改变交往主体与交往技术的不合理关系，改变技术中心主义对交往主体的僭越，坚持"手段始终为目的所用、形式始终为内容所用"，这样，才能最终实现自由的交往。

（三）提倡"以人民为中心"的交往

在驾驭资本逻辑的过程中，人对交往的需要和满足是一个关键性问题。资本是一种生产关系，但是有效地驾驭资本、利用资本会把这种生产关系变为创造性的、和谐的生产关系。党的十八届五中全会上，以习近平同志为核心的党中央首次提出了以人民为中心的发展思想，强调坚持人民主体地位，彰显人民至上的价值取向，这不仅深度契合了当前中国的发展实际，而且也是对马克思主义坚守人民立场、超越资本逻辑的深刻回应。坚持和提倡"以人民为中心"的交往，就要始终把人民置于社会交往实践的核心地位，将人民对美好生活的向往与追求作为奋斗的目标；要以人民为中心推动生产力发展，推进国家治理体系和治理能力现代化，在满足人民群众合理的物质需要的前提下，大力激发并不断满足人民群众的精神生活需求；要促进社会公平正义，积极解决收入差距问题和分配不公问题，实现好、维护好、发展好最广大人民的根本利益，真正实现社会共享和每个人的自由而全面发展；要促进人的发展、促使人的个性的张扬、注重人的能力的发挥，建立和谐发展的人际关系。总之，坚持人民群众的主体地位，通过以人民为中心的交往理念有效驾驭资本，扬弃资本逻辑造成的交往异化问题。

三　构建交往规范的良好机制

交往规范是人们在交往实践活动中所遵循的道德约束和行为规范，它既是交往的信任机制，也是交往秩序形成和维护的构建机制。只有在一定的约束和规范下开展交往活动，人的交往目的以及人的生存与发展目的才能更好实现。要构建交往的道德约束机制和社会规范，为交往主体之间的沟通、信任、合作搭建良好的桥梁，使人的合理利益诉求得到表达、不合理利益要求能够有效抑制，促使交往活动走向规范化、有序化。

（一）建立完善的利益诉求表达机制

利益诉求的表达和满足是完善协商民主的重要措施，也是使交往规范体现公平性和正义性的重要保障。当前中国，社会各阶层的利益诉求是千差万别的，在交往中形成的意志、意愿、行为取向也就存在着很大的不同，可以说，阶层及其利益诉求的差异性是影响各个阶层社会成员交往行为的直接因素。所以，要合理满足各阶层主体的特殊利益诉求，保障利益表达渠道畅通有序，保障利益表达机制切实反映实际问题、化解实际矛盾，保障实际权益。这就要求建立完善的利益诉求表达机制，一方面重视民众的合理的利益诉求，将民众的利益诉求通过合理、合法的渠道进行有效的整合与传递，确保基本诉求能够合法、有序地进入决策程序，规避非理性诉求或利益偏差；另一方面积极引领、规范人民群众的利益追求，发扬民主、凝聚共识，努力寻找利益上的契合点和交汇点，不断满足人民日益增长的美好生活需要，体现社会意愿的最大公约数，实现不同社会成员利益的相对最大化。

（二）构建"亲""清"新型政商关系

发展社会主义市场经济，政商之间的关系是一种不可忽视的交往关系。习近平总书记提出"构建亲清新型政商关系"[①]，这对于社会主义市场经济体制下规范人们的交往行为具有重要意义。"亲"与"清"是一对内涵指向不同但又相辅相成、辩证统一的关系。"亲"是要求领导干部要积极作为、亲力亲为、敢于担当，尤其在与民营企业家交往时，必须遵循政商交往的规则和规范，"不能越界""不能过线"，还要坦诚相待。与此同时，在支持民营经济发展过程中，相关部门应当主动作为，避免因"边界"问题而消极应对。要深入企业调研，加强沟通交流，及时了解经营困难，强化政策引导与精准服务；通过落实减税降费、优化政策执行、畅通诉求表达渠道等举措，切实帮助企业解决实际问题，助力民营企业健康发展。"清"是要求领导干部与民营企业家交往把握分寸、严守底线、光明磊落、干净无私，二者之间的关系要清白、纯洁、干净，不能有贪心私心，不能以权谋私，不能搞权钱

①　《习近平著作选读》第 2 卷，人民出版社，2023，第 208 页。

交易，不越雷池半步。"亲"与"清"又是辩证统一的："清"是"亲"的前提和基础，"亲"是"清"的要求和方向。既要"亲"得有礼有节有界限，又要"清"得明明白白、清清楚楚。简单说，既要"亲密"又要"清白"，既要保持正常的联系和往来，又要使双方各行其道、各守其规。一言以蔽之，政商关系可以"近"但不能"黏"，有"交集"但不能有"交换"，有"交往"但不能有"交易"。

（三）建立平等协商的对话机制

随着时代的变迁，在全球化交往进程中主体之间的交往呈现出多元主体相互作用、相互联系的结构特征。在多极化的世界背景下，任何一方的主体地位都有可能遭遇另一方的支配和剥夺，任何一方的话语权都有可能被霸权主义和强权政治所遮盖。因而，建立平等协商的对话机制是规范全球性交往实践的前提和保障。一是确立交往主体的主体资格。交往主体不仅要相互承认对方的主体资格，而且要遵循一定的准则、规则、规范，促使参与者能以平等的资格、平等的主体地位参与到全球化的交往活动中。二是营造有利于平等协商对话的外部条件。平等协商的对话机制不仅要求国家间加强彼此的沟通与对话，努力消除各种偏见与误解，而且还要求在对话过程中免除权力、暴力等因素的介入，确保交往活动不受外在的压力胁迫。三是提倡多元主体以开放包容的心态参与对话。可吸收借鉴哈贝马斯的商谈理论，重视言语、商谈、对话的重要作用，多元主体可以毫无保留、开诚布公地交流、沟通和对话，保证公共领域的相对独立性，扩大各层级政治对话和政策沟通，保证交往活动的参与者充分地进行协商。总而言之，要通过公共领域范围内平等的、自由的对话，摒弃资本逻辑主导的交往，使得交往活动充满"协商"而不是"独断"，充满"对话"而不是"争辩"，促使交往双方能够为了共同的利益，对话协商制定交往规则，增加交往活动的契合点与合作的一致性。

结　语

　　交往异化同时也是人的异化。人的活动是对象化和物化的活动。人作为物质世界的创造者，并没有意识到他是自己的创造物，反而容易迷失在这个不仅疏离他，而且还能操控他的客观的、非人性的世界。交往的异化状态，存在并伴随于一个异化的人，人性被贬低，人的发展被限制，人的命运被扼制。所以，异化问题绝不单单是一个经济问题，人与人的交往异化也绝不仅仅是一个社会问题，而且是一个严肃的人的问题。我们说交往异化一定逃不开也绕不过人的异化，随着交往异化的普遍出现，人的交往活动越来越成为人的异化不断加深的现实反映。从这个意义上而言，马克思的全部异化理论就是研究人的问题，人的问题应当是马克思主义的中心问题。对人的理解和推动人性的回归是研究异化问题的终极关怀。

　　现代社会的异化现象和异化问题已经远远超出了马克思当初所预料的，"马克思的确没有预见到异化已经变成大多数人的命运，特别是那部分人数愈来愈多的居民的命运，这部分人主要不是与机器打交道，而是与符号和人打交道"①。我们必须清楚地认识到，异化确实如马克思所说是资本主义社会的，但这不妨碍我们弄清楚异化在何处或者可能存在于何处，因为，如果对这些问题一味地视而不见或者"犹抱琵琶半遮面"，轻易地断言新的社会制度条件下已经不存在异化，显然是失之偏颇。马克思指出："共产主义对我

---

　　① 〔美〕艾里希·弗洛姆：《马克思关于人的概念》，载《西方学者论〈1844 年经济学哲学手稿〉》，复旦大学哲学系现代西方哲学研究室编译，复旦大学出版社，1983，第 67~68 页。

们来说不是应当确立的状况，不是现实应当与之相适应的理想。我们所称为
共产主义的是那种消灭现存状况的现实的运动。"① 在这里，"消灭现存状况
的现实的运动"说明异化不是轻而易举就能消除的，而是要有意识地与之作
斗争。马克思所坚决捍卫的就是，彻底推翻使人遭受奴役、遗弃和蔑视的一
切关系。需要指出的是，异化的产生、存在、发展、扬弃都是人类自身与社
会发展的必然过程。人在交往过程中的受动和奴役状态源于人在交往实践和
社会发展过程中所创造的一种现实的统治力量。交往异化不是一种"社会灾
难"，我们为此不必过于悲观，尤其当异化问题确实摆在面前时，我们既不
要惊慌失措，也不能寄希望于它立即自动消失，相反，我们所需要做的是正
确地认识和努力地克服它。

马克思所提出的资本主义条件下的交往异化理论会因现代性条件下异化
所展现的各种形式而不断丰富和发展，并且不断显示出强大的时代张力，而
现代性条件下的异化会在马克思的异化理论指导下得到合理的克服和扬弃。
作为现实的人的交往活动，交往异化的主体是人，交往异化是人的异化。从
本质上说，交往异化是对人的本质的否定，是人在交往活动中被压制、被控
制，所以交往异化的扬弃，关键在于实现人的解放和发展。马克思现代性批
判的独特之处就是在于为人的发展指明了现实的出路，那就是实现人的自由
全面发展。人的真正的交往实现过程是与人的自由全面发展过程相伴随的，
在交往关系上，主客体的不平等关系变为真正的平等关系；在交往实践上，
受动的、被迫的活动变为自由和自觉的活动。从这个意义上而言，马克思为
人的交往异化的扬弃提供了合理的框架。

交往异化的扬弃有赖于人的解放。交往推动了人从传统的政治关系和经
济关系的束缚中解放出来，同时使人陷入新的支配关系和奴役关系之中，遭
受人类所创造的异化力量的支配。人的解放不仅要求摆脱人对人的依赖，还
要摆脱人对物的依赖，消除物对人的统治，实现人的自由发展。要使交往成
为主体与主体相统一的活动，以人的存在和发展为最高追求。

---

① 《马克思恩格斯文集》第 1 卷，人民出版社，2009，第 539 页。

交往异化的扬弃有赖于人的自由发展。自由是人们能够完全支配和占有自己活动的一种自觉、自主状态，只有在彻底摆脱外在力量束缚、控制和奴役的基础上才能实现。整个人类社会的发展过程是由必然王国向自由王国飞跃的过程。人的自由发展强调人是社会关系和社会发展的主体，应当具有自主性和独立的人格，人的交往活动不受以资本为主导的物质利益的羁绊，人不应当处于被奴役、被压迫的地位。

交往异化的扬弃有赖于人的全面发展。人的全面性是一种现实关系和观念关系的全面性。人作为一个总体的人，不仅拥有丰富的、健全的社会关系，还实际占有和控制自己的社会关系，全面发展人的体力、脑力等各方面的能力。要实现人的关系的和谐发展，即人与自然、人与人、人与社会、人与自身精神世界的和谐相处；人由片面的人发展为全面的人、被动的交往活动发展为自主的交往活动。

实现人的自由全面发展不仅是人的历史进程的归宿，也是共产主义社会的最高价值追求。马克思主义认为，共产主义社会的建立是以生产力的解放和发展以及与此相关的交往的普遍发展为前提的。为了实现这一目标，除了生产力的极大发展，仔细审视人的交往异化状况，探索合理的交往模式，促进人的自由全面发展当是题中之义。共产主义社会所要塑造的"人"，是一个使自身从异化状态走向非异化状态，从异化统治走向自由统治的人，即全面的自由的人。"这种共产主义……是人和自然界之间、人和人之间的矛盾的真正解决，是存在和本质、对象化和自我确证、自由和必然、个体和类之间的斗争的真正解决。它是历史之谜的解答，而且知道自己就是这种解答。"[①] 现代性背景下交往异化问题的凸显和深化给人带来了痛苦和困扰，成为现代人的命运，但这并不是人类无法改变的宿命。同时，社会主义优于资本主义，并不是因为它摆脱了所有异化，而是因为它为有意识地抵抗异化提供了更好的条件。

---

① 《马克思恩格斯文集》第 1 卷，人民出版社，2009，第 185~186 页。

参考文献

［1］《马克思恩格斯文集》第 1～10 卷，人民出版社，2009。

［2］《马克思恩格斯全集》第 3 卷，人民出版社，2002。

［3］《马克思恩格斯全集》第 30 卷，人民出版社，1995。

［4］《马克思恩格斯全集》第 32 卷，人民出版社，1998。

［5］《马克思恩格斯全集》第 3 卷，人民出版社，1960。

［6］《马克思恩格斯全集》第 42 卷，人民出版社，1979。

［7］《马克思恩格斯全集》第 46 卷（上），人民出版社，1979。

［8］《马克思恩格斯全集》第 46 卷（下），人民出版社，1980。

［9］马克思：《1844 年经济学哲学手稿》，人民出版社，2000。

［10］《列宁全集》第 18 卷，人民出版社，1988。

［11］《邓小平文选》第 3 卷，商务印书馆，1993。

［12］陈潮光主编《马克思主义理论与实践》，人民出版社，2009。

［13］陈力丹：《精神交往论——马克思恩格斯的传播观》，中国人民大学出版社，2008。

［14］陈晏清：《当代中国社会转型论》，山西教育出版社，1998。

［15］陈东英：《赫斯与马克思早期思想关系研究》，人民出版社，2011。

［16］范宝舟：《论马克思交往理论及其当代意义》，社会科学文献出版社，2005。

［17］费孝通：《乡土中国》，北京大学出版社，2012。

[18] 丰子义、孙承叔、王东:《主体论:新时代新体制呼唤的新人学》,北京大学出版社,1994。

[19] 高惠珠等:《马克思恩格斯社会建设理论的当代解读》,人民出版社,2015。

[20] 高云涌:《社会关系的逻辑——马克思辩证法理论的合理形态》,中国社会科学出版社,2009。

[21] 中央编译局国际共运史研究室编《国际共运史研究资料》(第7辑),人民出版社,1981。

[22] 韩庆祥、黄相怀:《历史不会终结》,中国人民大学出版社,2018。

[23] 韩庆祥、邹诗鹏:《人学——人的问题的当代阐释》,云南人民出版社,2001。

[24] 韩震:《生成的存在——关于人和社会的哲学思考》,北京师范大学出版社,1996。

[25] 郝永平:《创新:由危机走向进步的动力》,中共中央党校出版社,2007。

[26] 郝永平:《进步观念的当代重建》,湖北教育出版社,2000。

[27] 贺来:《现实生活世界——乌托邦精神的真实根基》,吉林教育出版社,1998。

[28] 李百玲:《晚年马克思恩格斯交往观研究》,中央编译出版社,2009。

[29] 刘放桐:《新编现代西方哲学》,人民出版社,2000。

[30] 刘明合:《交往与人的发展——基于马克思主义的视角》,中央编译出版社,2008。

[31] 刘森林:《历史唯物主义:现代性的多层反思》,中山大学出版社,2016。

[32] 刘小枫:《现代性社会理论绪论》,上海三联书店,1998。

[33] 李素霞:《交往手段革命与交往方式变迁》,人民出版社,2005。

[34] 刘同舫:《马克思的哲学主题》,人民出版社,2017。

[35] 龙柏林:《人际交往转型与人伦生态重建》,人民出版社,2014。

[36] 陆梅林、程代熙:《异化问题》(上、下),文化艺术出版社,1986。

[37] 鲁苓:《语言言语交往》,社会科学文献出版社,2004。

［38］鲁品越:《走向深层的思想——从生成论哲学到资本逻辑与精神现象》,人民出版社,2014。

［39］陆学艺:《当代中国社会结构》,社会科学文献出版社,2010。

［40］罗荣渠:《现代化新论——世界与中国的现代化进程》,商务印书馆,2004。

［41］任平:《走向交往实践的唯物主义——马克思交往实践观的历史视域与当代意义》,北京师范大学出版社,2017。

［42］邵道生:《现代化的精神陷阱:嬗变中的国民心态》,知识产权出版社,2001。

［43］史忠义:《现代性的辉煌与危机:走向新现代性》,社会科学文献出版社,2012。

［44］宋希仁:《西方伦理思想史》,中国人民大学出版社,2004。

［45］王鸿生:《交往者自白》,东方出版社,1995。

［46］汪怀君:《人伦传统与交往伦理》,山东大学出版社,2007。

［47］王南湜:《社会哲学:现代实践哲学视野中的社会生活》,云南人民出版社,2001。

［48］王思鸿:《马克思异化理论的历史生成与当代价值》,中国社会科学出版社,2016。

［49］王晓东:《日常交往与非日常交往》,北京大学出版社,2005。

［50］王武召:《社会交往论》,北京大学出版社,2002。

［51］万光侠:《市场经济与人的存在方式》,中国人民公安大学出版社,2002。

［52］万俊人:《现代性的伦理话语》,黑龙江人民出版社,2002。

［53］吴玉军:《非确定性与现代人的生存》,人民出版社,2011。

［54］郗戈:《现代性的矛盾与超越——马克思现代性思想与当代社会发展》,中国人民大学出版社,2014。

［55］姚纪纲:《交往的世界——当代交往理论探索》,人民出版社,2002。

［56］袁贵仁:《马克思的人学思想》,北京师范大学出版社,1996。

［57］张曙光:《价值与秩序的重建》,人民出版社,2016。

[58] 赵家祥:《马克思主义历史哲学》第4卷,吉林人民出版社,2006。

[59] 赵剑英,张一兵:《国外马克思主义的基本问题》,社会科学文献出版社,2006。

[60] 郑也夫:《信任论》,中国广播电视出版社,2001。

[61] 〔德〕马克斯·舍勒:《资本主义的未来》,罗锑伦等译,三联出版社,1997。

[62] 〔波〕亚当·沙夫:《马克思主义与人类个体》,杜红艳译,黑龙江大学出版社,2015。

[63] 〔波〕亚当·沙夫:《作为社会现象的异化》,黑龙江大学出版社,2015。

[64] 〔德〕黑格尔:《小逻辑》,贺麟译,商务印书馆,2004。

[65] 〔德〕卡尔·雅斯贝尔斯:《历史的起源与目标》,魏楚雄、俞新天译,华夏出版社,1989。

[66] 〔德〕卡尔·雅斯贝尔斯:《时代的精神状况》,王德峰译,上海译文出版社,1997。

[67] 〔德〕卡尔·雅斯贝尔斯:《智慧之路》,柯锦华、范进译,中国国际广播出版社,1988。

[68] 〔德〕马丁·布伯:《我与你》,陈维纲译,生活·读书·新知三联书店,2002。

[69] 〔德〕马丁·海德格尔:《存在与时间》,陈嘉映、王庆节译,生活·读书·新知三联书店,1987。

[70] 〔德〕马克斯·霍克海默:《批判理论》,李小兵等译,重庆出版社,1989。

[71] 〔德〕马克斯·霍克海默、特奥多·阿尔多诺:《启蒙辩证法(哲学片段)》,洪佩郁、蔺月峰译,重庆出版社,1990。

[72] 〔德〕马克斯·韦伯:《经济与社会》(上、下),林荣远译,商务印书馆,1997。

[73] 〔德〕马克斯·韦伯:《新教伦理与资本主义精神》,于晓、陈维纲译,生活·读书·新知三联书店,1987。

［74］〔德〕滕尼斯：《共同体与社会》，林荣远译，北京大学出版社，2010。

［75］〔德〕于尔根·哈贝马斯：《后形而上学思想》，付德根译等，译林出版社，2001。

［76］〔德〕尤尔根·哈贝马斯：《交往行动理论》第1、2卷，洪佩玉、蔺青译，重庆出版社，1994。

［77］〔德〕尤尔根·哈贝马斯：《交往与社会进化》，张博树译，重庆出版社，1989。

［78］〔德〕尤尔根·哈贝马斯：《作为"意识形态"的技术与科学》，李黎，郭官义译，学林出版社，1999。

［79］〔德〕西美尔：《货币哲学》，陈戎女、耿开君、文聘元译，华夏出版社，2007。

［80］〔德〕西美尔：《金钱、性别、现代生活风格》，刘小枫编，顾仁明译，学林出版社，2000。

［81］〔德〕西美尔：《社会是如何可能的》，林荣远编译，广西师范大学出版社，2002。

［82］〔法〕爱弥儿·涂尔干：《社会分工论》，渠东译，生活·读书·新知三联书店，2000。

［83］〔法〕米歇尔·福柯：《规训与惩罚》，刘北成、杨远婴译，生活·读书·新知三联书店，2012。

［84］〔法〕让·波德里亚：《消费社会》，刘成富、全志钢译，南京大学出版社，2000。

［85］〔加〕查尔斯·泰勒：《现代性之隐忧》，程炼译，中央编译出版社，2001。

［86］〔美〕C. E. 布莱克：《现代化的动力》，段小光译，四川人民出版社，1988。

［87］〔美〕艾里希·弗洛姆：《健全的社会》，孙恺祥译，上海译文出版社，2011。

［88］〔美〕艾里希·弗洛姆：《逃避自由》，刘林海译，上海译文出版社，

2015。

[89]〔美〕弗洛姆:《占有还是生存》,关山译,生活·读书·新知三联书店,
1989。

[90]〔美〕丹尼尔·贝尔:《社群主义及其批评者》,李琨译,生活·读书·
新知三联书店,2002。

[91]〔美〕汉娜·阿伦特:《过去与未来之间》,王寅丽、张立立译,译林出
版社,2011。

[92]〔美〕汉娜·阿伦特:《人的境况》,王寅丽译,上海人民出版社,2009。

[93]〔美〕赫伯特·马尔库塞:《爱欲与文明》,黄勇、薛民译,上海译文
出版社,1987。

[94]〔美〕赫伯特·马尔库塞:《单向度的人》,刘继译,上海译文出版社,
2008。

[95]〔美〕赫伯特·马尔库塞:《审美之维》,李小兵译,生活·读书·新知
三联书店,1989。

[96]〔美〕赫伯特·马尔库塞:《现代文明与人的困境》,李小兵译,生活·
读书·新知三联书店,1989。

[97]〔美〕理斯曼,格拉泽,戴尼:《孤独的人群——美国人性格变动之研
究》,刘翔平译,辽宁人民出版社,1988。

[98]〔美〕马泰·卡林内斯库:《现代性的五副面孔》,顾爱彬、李瑞华译,
商务印书馆,2002。

[99]〔美〕马歇尔·伯曼:《一切坚固的东西都烟消云散了——现代性体验》,
徐大建译,商务印书馆,2003。

[100]〔美〕尼葛洛庞帝:《数字化生存》,胡泳、范海燕译,海南出版社,
1996。

[101]〔英〕安东尼·吉登斯:《超越左与右》,李惠斌、杨雪冬译,社会科
学文献出版社,2000。

[102]〔英〕安东尼·吉登斯:《民族—国家与暴力》,胡宗泽、赵力涛译,
生活·读书·新知三联书店,1998。

［103］〔英〕安东尼·吉登斯：《社会的构成》，李康、李猛译，生活·读书·新知三联书店，1998。

［104］〔英〕安东尼·吉登斯：《现代性的后果》，田禾译，译林出版社，2000。

［105］〔英〕安东尼·吉登斯：《现代性与自我认同》，夏璐译，中国人民大学出版社，2016。

［106］〔英〕罗斯·阿比奈特：《现代性之后的马克思主义——政治，技术与社会变革》，王维先等译，江苏人民出版社，2011。

［107］〔英〕罗素：《哲学问题》，何兆武译，商务印书馆，2007。

［108］〔英〕洛克：《人类理解论》，关文运译，商务印书馆，1981。

［109］〔英〕齐格蒙特·鲍曼：《个体化社会》，范祥涛译，生活·读书·新知三联书店，2002。

［110］〔英〕齐格蒙特·鲍曼：《共同体》，欧阳景根译，江苏人民出版社，2003。

［111］〔英〕齐格蒙特·鲍曼：《后现代伦理学》，张成岗译，江苏人民出版社，2003。

［112］〔英〕齐格蒙特·鲍曼：《流动的现代性》，欧阳景根译，生活·读书·新知三联书店，2002。

［113］〔英〕齐格蒙特·鲍曼：《现代性与矛盾性》，邵迎生译，商务印书馆，2003。

［114］《西方学者论〈1844 年经济学哲学手稿〉》，复旦大学哲学系现代西方哲学研究室编译，复旦大学出版社，1983。

［115］David Frisby, *Fragments of Modernity*, The MIT Press, 1986.

［116］Henri Lefebvre, *Everyday Life in the Modern World*, by Allen Lane, The Penguin Press, 1971.

［117］J. Antonio Robert, *Marx and Modernity*, Blackwell Publishers, 2003.

［118］Jirgen Habermas, *The Theory of Communicative Action*, Translated by Thomas McCarhy, Beacon Press, 1984-1987.

［119］Karl Jaspers, *Way to Wisdom: An Introduction to Philosophy*, Translated by Ralph Manheim, Yale University Press, 1988.

[120] Martin Buber, *I and You*, China Social Sciences Public House, 1999.

[121] Williamouthwait, Hbaemras, *A Critieal Introduetion*, London Polity Press, 1996.

[122] Zygmunt Bauman, *Liquid Modernity*, Polity Press, 2000.

[123] Douglas Kellner, *Critical Theory*, *Marxism and Modernity*, Polity Press, 1994.

图书在版编目（CIP）数据

现代性背景下的交往异化问题研究／赵慧著.
北京：社会科学文献出版社，2025.7.--ISBN 978-7
-5228-5509-7

Ⅰ.B0-0

中国国家版本馆 CIP 数据核字第 20254407AJ 号

现代性背景下的交往异化问题研究

著　　者／赵　慧

出 版 人／冀祥德
责任编辑／王小艳
责任印制／岳　阳

出　　版／社会科学文献出版社·马克思主义分社（010）59367126
　　　　　地址：北京市北三环中路甲 29 号院华龙大厦　邮编：100029
　　　　　网址：www.ssap.com.cn
发　　行／社会科学文献出版社（010）59367028
印　　装／三河市尚艺印装有限公司

规　　格／开本：787mm×1092mm　1/16
　　　　　印张：10.25　字数：155 千字
版　　次／2025 年 7 月第 1 版　2025 年 7 月第 1 次印刷
书　　号／ISBN 978-7-5228-5509-7
定　　价／79.00 元

读者服务电话：4008918866